羅馬人的故事III

勝者的迷思

塩野七生　著
林雪婷　譯

三民書局

作者介紹

塩野七生

一九三七年七月生於東京，畢業於學習院大學文學部哲學系，一九六三～一九六八年間遊學義大利。一九六八年開始寫作，於《中央公論》發表〈文藝復興的女性〉。一九七〇年，首部長篇作品《凱撒波吉耳抑或優雅的冷酷》獲頒每日出版文化賞，之後長住義大利。一九八二年以《海都物語》得到三多利學藝賞。一九八三年，獲頒菊池寬賞。自一九九二年起，以羅馬帝國千年興亡為題，著手寫作《羅馬人的故事》系列，並以每年一部作品的速度發表。一九九三年《羅馬人的故事I》獲頒新潮學藝賞。一九九九年再獲司馬遼太郎賞。二〇〇一年發行《塩野七生文藝復興著作集》共七冊。二〇〇二年榮獲義大利政府頒授國家功勞動章。二〇〇五年獲日本政府頒贈紫綬褒章，二〇〇七年再獲文部科學省評選為文化功勞者。

三十周年經典紀念版序

《羅馬人的故事》新版發售之際，作者送給臺灣讀者的話

這部既不算是研究歷史的專業書籍，也不是歷史小說，在歐洲稱之為「歷史散文」的作品，我持續執筆了半世紀多，最在意的其中一件事情就是，為什麼這個國家能在完全認同個人思想與表現的同時，維持歷時長久的獨立與繁榮。

因而執筆了《羅馬人的故事》與《海都物語》兩部作品。《羅馬人的故事》是為了想知道大國發生過什麼事。另一部《海都物語》則是因為想了解，為何即使是小國，在確保個人思想與自由表達下，同時也能達成國家的獨立與繁榮。

其次，舉例古羅馬帝國與中世紀文藝復興時期的威尼斯共和國作為代表大國與小國的典範，也是有原因的。因為這兩國即使國家規模大小有所不同，卻都有能享逾千年長壽的共同點。

有些國家在鎖國的情況下也維持了長治久安。像是古希臘的斯巴達或江戶時期的日本。然而，持續開國方針而能長命百歲的國家卻很少。羅馬與威尼斯在這部份也有相同點。

我同樣建議目前居住在臺灣的各位讀者也務必閱讀《海都物語》。因為日本也是小國，而

臺灣也是小國之一。小國自有小國的生存之道，只要正視這個事實，也有付諸實行的強烈意志，就會讓國家邁向獨立與繁榮。

還有，如果可以的話，再推薦各位閱讀我的另一部「文藝復興小說」（暫譯，原名「小説イタリア・ルネサンス」）全四集，我會感到十分榮幸。在這部作品中我創造了兩位虛構的主角穿插在這段真實的歷史中。希望能讓讀者領會，個人的思想與表達的自由如何能成為創新的泉源。幾乎也可以換句話說，在那種無法保證絕對自由的社會下不會產生創新。因為正是這種自由，誕生了達文西與米開朗基羅為首的義大利文藝復興。而佛羅倫斯、威尼斯，無論在地理、人口規模上都只能算是小國。

儘管如此，大國的磨難也並未比小國少。羅馬與威尼斯相比的話，無論「磨難」的種類或數量，都令人感到十分類似吧。我覺得這才是閱讀歷史真正的樂趣。因為畢竟可以說「歷史總是一再重演，只是表現的型態不同」。

二〇二二年春天，於羅馬

塩野七生

修訂二版說明

《羅馬人的故事》不是一部正統的羅馬史。

塩野七生說：

我以「羅馬人的故事」為題，如果將日文的書名譯為拉丁文，故事與歷史的意義幾乎是相通的。……使用"Gestae"這個字，所謂"RES GESTAE POPULI ROMANI"，可直接翻譯為「羅馬人的各種行徑」。

換句話說，這是一部詳盡蒐羅史籍與資料，進而細膩描繪人物的經典作品。當我們隨著作者富有文學性的筆調，逐冊閱讀《羅馬人的故事》時，便會發現比起事實的陳述討論，塩野七生在這部作品裡更著重於「人」的故事。羅馬人在面對各種挑戰時如何解決？在面對強敵的進逼時，羅馬人是如何逆轉取勝？平息內憂與外患後，又如何迎向和平？羅馬著名的公共建設，其目的是「使人過得像人」？偉大的建築背後，隱含怎樣的思考邏輯？

無論思想或倫理道德如何演變，人類的行徑都在追求無常的宿命。

隨著作者的引導，我們得以像羅馬人一樣思考、行動，了解身為羅馬人，言行背後的思想與動機。羅馬從義大利半島上的一個小部族發跡，歷經崛起壯大，終致破滅衰亡的過程，不僅是歷史上一個橫跨歐亞非三洲的輝煌帝國史，或許也可在其中發現「羅馬人」的群體生活史。

在《羅馬人的故事III——勝者的迷思》中，羅馬剛戰勝強大的迦太基，地中海上看似再無人能挑戰羅馬人的霸權，不過作者巧妙地在卷頭語中透過漢尼拔的一段話，暗示了羅馬共和接下來面對的挑戰將來自內部。農民喪失土地、軍隊私有化、貧富差距擴大等問題相繼浮上檯面，先後上任的各主政者如何處理這些問題？既得利益者又是如何想方設法阻擋改革的實施？作者透過對各個角色的心理側寫，讓人深切體驗到成為「勝者」的羅馬人心中的迷思。

希盼本系列能與您一同思考：羅馬何以成為羅馬？羅馬的千年興衰，對世界有何影響？更重要的是，羅馬人留給現代哪些珍貴的遺產？期待在讀完本書之後，能帶給您跨越時空的餘韻。

編輯部謹識

無論多麼強大的國家都無法維持長久的國泰民安，
即使沒有外敵，也可能會出現內亂。
就像是強壯的身軀，雖然無懼於外在任何的敵人，
但是一旦體內罹患疾病，就會受苦於阻止身體成長的內臟病痛。

——漢尼拔——

（摘自李維斯的《羅馬史》）

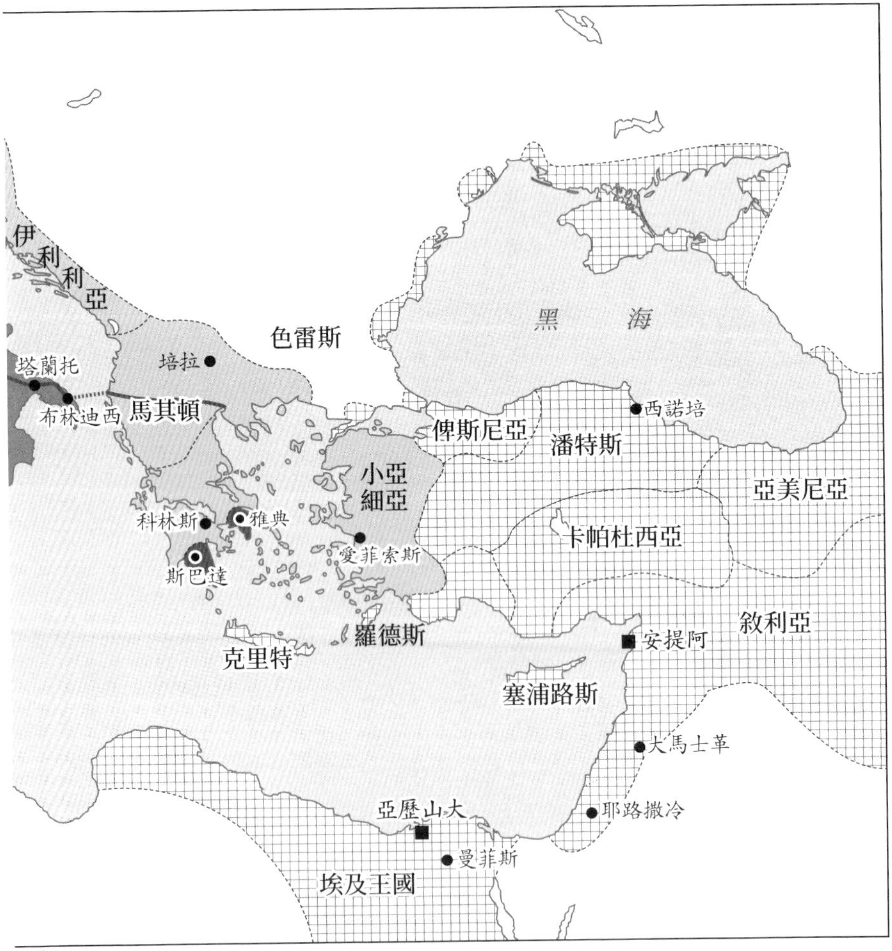
伊
利
利
亞
色雷斯
黑　海
培拉
塔蘭托
布林迪西
馬其頓
俾斯尼亞
西諾培
潘特斯
小亞
細亞
亞美尼亞
科林斯
雅典
卡帕杜西亞
愛菲索斯
斯巴達
敘利亞
羅德斯
安提阿
克里特
塞浦路斯
大馬士革
耶路撒冷
亞歷山大
曼菲斯
埃及王國

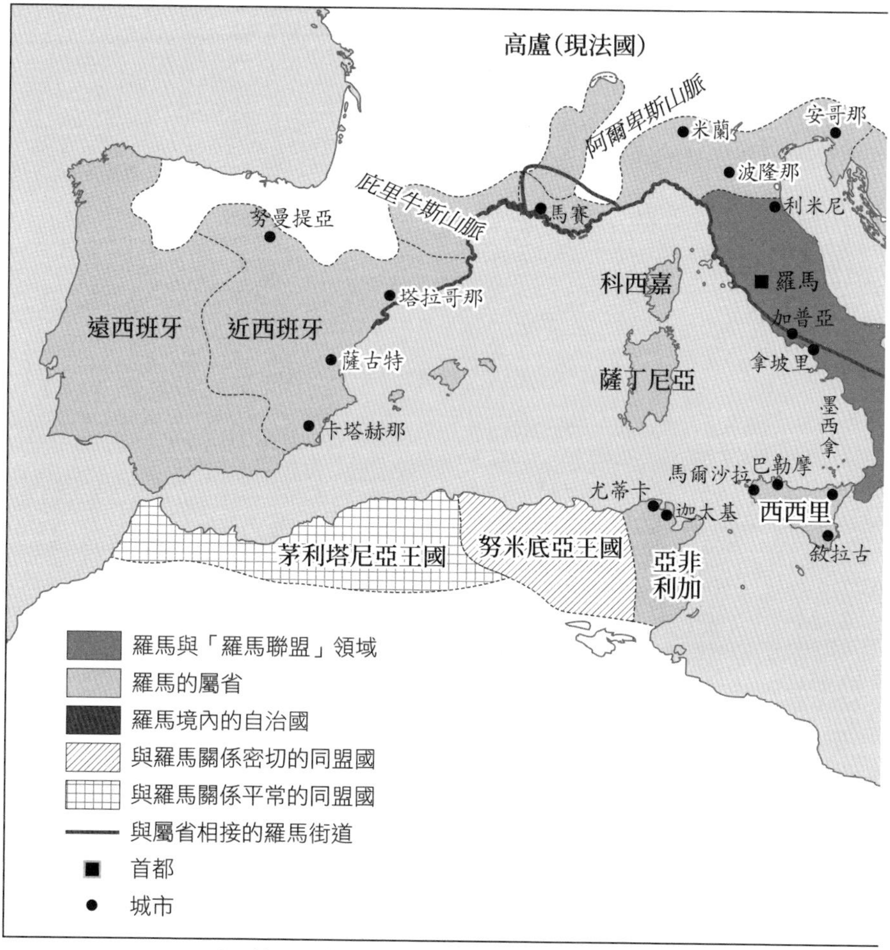
高盧(現法國)
阿爾卑斯山脈
庇里牛斯山脈
米蘭
安哥那
波隆那
利米尼
馬賽
努曼提亞
科西嘉
羅馬
塔拉哥那
加普亞
遠西班牙
近西班牙
拿坡里
薩古特
薩丁尼亞
墨西拿
卡塔赫那
馬爾沙拉
巴勒摩
尤蒂卡
迦太基
西西里
茅利塔尼亞王國
努米底亞王國
敘拉古
亞非利加
羅馬與「羅馬聯盟」領域
羅馬的屬省
羅馬境內的自治國
與羅馬關係密切的同盟國
與羅馬關係平常的同盟國
與屬省相接的羅馬街道
首都
城市

西元前 130 年的地中海世界

序言

降服於羅馬軍隊之下的漢尼拔 (Hannibal) 預言似地說了以上這段話。西元前一四七年，第三次布尼克戰役進入第三年，這時在迦太基出現了一名年輕男子。

他幾個月前才剛舉行完成人式，並不是派來增強羅馬軍力的。羅馬未成年男子只能穿著長至膝蓋的「短衣」，現在這名年輕人已滿十六歲，可以穿上羅馬正式的服裝；但是羅馬服役年齡為十七歲，年輕人是應總司令官之邀前來迦太基軍營，當然他也有特權得以睡在總司令官的帳營中。

這名年輕人名為提伯留斯．善普羅尼斯．格拉古 (Tiberius Sempronius Gracchus)，羅馬總司令官小西比奧 (Scipio Aemilianus Africanus) 是他的姊夫，此外他的母親也是西比奧家族出身。羅馬上流階級社會的習慣之一是把成年後的男子送到軍營內讓他見識軍中生活，同時也體驗人生。

十六歲年輕人眼中的羅馬軍隊並沒有處於警戒的備戰狀態。

迦太基城內有五萬多人，從西元前一四七年起受到羅馬軍的圍攻已長達二年多，所有的人都可以清清楚楚地看到迦太基城未來的命運。

迦太基城三面環海，因此整個城市可說是受到天然屏障，唯一西邊的缺口建有高十四公尺、寬達十公尺的城牆保護；但是在這場戰爭中，城牆多處遭到破壞；城內儲存的食糧也在維持近三年後即將用盡。城內的人民都期待隔年，也就是西元前一四六年從海陸兩方面的大舉反攻，但是總攻擊的命令卻遲遲未下達。

古代羅馬是由總司令官負責戰場上所有的重要決定，迦太基城的命運似乎就操縱在小西比奧一人手中。小西比奧與大西比奧（Scipio Africanus）一樣，對於異民族、異文化的看法十分開放，不會有偏見；他覺得迦太基城未來的命運不該由一個人決定。另外他的伯父西比奧・那西卡是羅馬元老院內對迦太基問題採取較保守態度的，與主張消滅迦太基城的加圖（Marcus Porcius Cato）抱持相反意見。

年輕的總司令官利用西元前一四七年冬天的休戰期間，派遣特使回到羅馬向元老院請示，請元老院決定是要消滅迦太基城或是再度講和。在等待消息期間，小西比奧常與波力比維斯（Polybius）（幾年後開始寫有關於布尼克戰爭歷史）同桌用餐，那位被邀請至軍營的青年當然也在餐桌邊，顯示十六歲的年輕人聽到了希臘歷史學家與羅馬將軍之間的所有對話。

西元前一四六年，羅馬傳來命令要求總司令消滅迦太基城，經過六天六夜激戰，原本的迦太基城淪陷了！迦太基城因為拒絕投降而慘遭滅亡的命運；當時被俘虜為奴隸的人數，包括小孩在內總共多達五萬人。

眼看著七百多年來一直是地中海世界中屹立不搖的迦太基城滅亡，身為勝利者的羅馬應該也有所感嘆吧！歷史學家波力比維斯曾經寫下這麼一段話：

「小西比奧一直凝視著廣大的迦太基城，久久無法自已。建國至今已長達七百多年歲月的迦太基，曾經如此輝煌燦爛，而今卻化為一堆廢瓦礫。」

七百多年來，迦太基支配著廣闊的土地、支配著島嶼與大海，它擁有無數的武器與傲人的財富，絕不遜色於人類有史以來任何一個大帝國。

而且迦太基人有著無比的勇氣，雖然被迫交出所有的武器與財富，但是仍然能夠與羅馬軍隊對峙三年之久，這是任何一個帝國都無法比擬的。而今這個曾經風光一時的城市完全被銷毀殆盡，小西比奧一想到敵人的命運不覺潸然淚下。

他不得不想到一個不變的真理：無論是人或是都市、國家、甚至是帝國，最後都避免不了滅亡的命運！特洛伊、古巴比倫、波斯等等，歷史一直不斷告戒人類「盛者必衰」的真理。

這名羅馬常勝將軍無意間朗誦了荷馬敘事詩中特洛伊總司令官赫克特 (Hector) 的一句話：

「特洛伊最後大概也會隨著國王普利亞摩斯以及眾多陣亡士兵一同滅亡吧！」

站在後面的波力比維斯問他為何會說這句話，小西比奧回頭看看他，挽著這個二十年老友的手說：

「波力比維斯啊！我們現在是正處於享有盛名的帝國滅亡的一刻，這是個偉大的時刻！但是我心中卻沒有一點勝利者的喜悅，因為我看到將來的羅馬也會面臨這一刻的到來。」

元老院下令將迦太基城中所有的神殿、市場、碼頭、倉庫一律毀壞，將整座城夷為平地，按照羅馬人的習俗在這塊遭神詛咒的土地上撒滿鹽巴。任何人都無法想像這塊一毛不拔的土地曾經是地中海世界中最富裕的地方。當時小西比奧正逢其時，所以他才會有「偉大的時刻」的感慨吧！

史料上並未記載當時十六歲的提伯留斯對這件事情有何感慨，但是身為西比奧家族的一員，他對於第三次布尼克戰役毀滅迦太基城的印象應該比任何一個羅馬人更深刻吧！同時他當年也已經十六歲，與五十六歲的波力比維斯及三十八歲的小西比奧一起感嘆「盛者必衰」也不無可能。或許他認為羅馬絕對不會重蹈特洛伊、巴比倫、波斯甚至迦太基的覆轍……。

迦太基城建國七百年之後滅亡，羅馬那年也已經建國長達六百多年了。

目次

第一章

格拉古兄弟時代

（西元前一三三年～前一二〇年）

西方人有句諺語：含著銀湯匙出生，意思是指出生於生活優渥的環境。在西元前二世紀的羅馬社會中，最適合如此形容的莫過於提伯留斯與蓋烏斯兩兄弟了。

先前已經提過，兩兄弟的外祖父就是羅馬名將西比奧；祖父提伯留斯．善普羅尼斯．格拉古也曾率領奴隸軍團對抗漢尼拔的常勝軍，奮勇捍衛羅馬前線，四十歲即成為身經百戰的勇將。格拉古家族中的長男都會繼承「提伯留斯」這個名字，因此父親為他取名為提伯留斯．善普羅尼斯．格拉古。西元前二世紀，提伯留斯的父親活躍於元老院主導的共和政體，是當時的政治人物中最值得一提的人物。

他的生年不詳，依據他的生涯往前推算，應該出生於西元前二二〇年左右。為了討伐敘利亞國王安提歐寇斯，西比奧首次決定跨足東方，並且派遣他到馬其頓國王菲力普身邊擔任羅馬後方支援的要職，這是格拉古首次擔任公職。

西元前一八七年，格拉古獲選為護民官；當時由於西比奧涉及五百泰連羅馬幣用途不明事件，格拉古在「西比奧審判」中極力為西比奧辯護。以加圖為首的反西比奧派系，真正的意圖並非追溯金錢的去向，而是想藉此使得西比奧無法立足政壇。在這樣的情況之下，膽敢挺身而出為西比奧辯護便需要莫大的勇氣，三十二歲的格拉古這麼說：

「一位受到諸神庇佑、為祖國奉獻犧牲的人，一位受到全民感念與愛戴的人，而今卻站在被告席上，成為羅馬的罪人；他被逼下政壇、被迫聽一些莫須有的彈劾與指責，甚至遭到一些無知少年的唾罵。這件引人注目的事件不僅汙損了西比奧的名譽，更毀損了全體羅馬公民的名譽。」

最後，強制逮捕西比奧的提案雖然遭到元老院否決，但是反西比奧人士也達到他們真正的目的——使「扎馬一役的勝利者」無法立足於政壇。西比奧受到反對派人士的陰謀陷害，聲望一路下滑，最後只好辭去公職，離開羅馬。

但是這位曾經打敗漢尼拔的羅馬名將卻牢記著先前奮勇為他辯護的格拉古。他允諾提伯留斯．善普羅尼斯．格拉古將自己的女兒柯爾妮許配與他；所以提伯留斯與蓋烏斯兩兄弟身上之所以會有名將西比奧的血統是有這一段淵源。

「西比奧審判」五年後，西元前一八二年，三十八歲的格拉古當選為按察官；按察官的職務包括策劃各種表演活動。格拉古主辦的競技會精彩無比，不僅使得羅馬人民眼睛為之一亮，更引起元老院高度的關切；因為他舉辦活動的經費除了自掏腰包之外，還有許多「後援者」的贊助。由此可以看出格拉古本身的富裕程度，更可以了解到格拉古是領導多數「後援者」的「家長」。

屬於格拉古家族的善普羅尼斯一門在第二次布尼克戰役前仍是平民，到了第二次布尼克戰役時，羅馬政府體認到必須將平民與貴族合而為一才能共同抵禦敵人，因此羅馬政府立法規定，平民一旦當選為執政官，就晉身為羅馬共和政體中的從政階級——貴族階級，也就成為羅馬的菁英份子。西元前三世紀，善普羅尼斯一門有人當選為執政官之後就晉身為貴族。直到西元前二世紀，羅馬的貴族與平民已經沒有明顯的區別了。

此外，有一些家族是自古極具聲望與勢力，例如西比奧家所屬的柯爾涅留斯家族、建造羅馬第一條大道——阿庇亞大道的克勞狄斯家族、漢尼拔戰役中主張拖延戰術的法比烏斯·馬克西姆斯所屬的法比烏斯家族、在羅馬共和之初就極具聲望的巴里斯家族，以及後來凱撒所屬的朱利斯家族；不屈服於漢尼拔的威勢之下、被譽為「義大利之劍」的馬爾喀斯家族以及格拉古等等有力的平民家族，學者通常稱他們為「平民貴族」，這是為了與原有的貴族加以區分。

話雖如此，但是這畢竟是後世學者的分類方式，當時的羅馬人並未執意加以區別。一般而言，依照往例，每年選出的兩位執政官中總會有一人出身平民；依此類推，每年會有一個家族升格為貴族階級，因此可以說羅馬的「貴族階級」並不是封閉性的階級制度。「平民貴族」同樣可以擁有廣闊的土地，同樣有許多「後援者」支持，成為家族的領導者，這些在當時的羅馬都不是稀罕的事。

我們再將話題轉回格拉古。他擔任二年按察官之後，於西元前一八〇年獲選為副執政官。他當選的原因可能是因為先前舉辦了盛況空前的競技會，使得他聲名大噪；或是因為他的後援者大舉進入投票所投下神聖的一票；也可能是因為在早年的「西比奧審判」事件中，他表現出超人的毅力使得大家對他肅然起敬所致？也許是綜合以上所有因素吧！依照羅馬法律，副執政官可以全權指揮兩個軍團，格拉古當然也有這項權力。

隔年，格拉古以前副執政官的身份前往屬省西班牙東部，負責處理西班牙原住民反羅馬統治的問題。

格拉古在這個地方發揮了真本領。他從不以鞭子對待奴隸軍團，反而視他們為自由民，頑強抵抗羅馬統治的西班牙因而享有半個世紀的和平；這完全歸功於格拉古能夠了解被統治者的心態，確立了公平的統治體系。他卸任回羅馬時，元老院更破例允許他舉行盛大的凱旋式，以報答他的功績。

二年後，西元前一七七年，格拉古順利當選為最高行政長官——執政官。一般都認為他在二、三年後與柯爾妮結婚。西比奧允諾將女兒許配給他時，柯爾妮只不過是個小女孩，十二年後他們才正式結婚，由此可見這對夫妻的年齡差距懸殊。

西元前一六九年，格拉古又當選為財務官。這個職位雖然不是最高行政長官，但是在羅馬行政體系中卻是個舉足輕重的職位。財務官的職務包括公共事業發包，因此他特別制定法律，禁止公共事業發包淪為部份業者的獨占事業。

另外，他自費買下舅舅大西比奧位於羅馬廣場的房屋，建設一座希臘式會堂，稱為巴西利卡·善普羅尼斯會堂，後來凱撒改建為巴西利卡·朱利斯會堂。

格拉古在財務官任期最值得一提的功績是，他提出了一項特殊法案；法案中明定解放奴隸只要有五歲以上的兒子及三萬塞斯泰契斯銅幣以上價值的資產就可以取得羅馬公民權。法案在公民大會通過之後，解放奴隸不必等到兒子成年就可以取得羅馬公民權，因此許多解放奴隸開始在城中經營小商店或是自由從事各行各業。從此，他們與一般羅馬公民享有相同的權利與義務，平起平坐。居住在首都羅馬的這群新興公民依照居住地點不同，分別登錄在四個選區，開始享有投票權。

六年後，西元前一六三年，五十七歲的格拉古再度當選為執政官，可能是所有取得投票權的解放奴隸，都將自己神聖的一票投給他了吧！擔任執政官期間，他前後兩次以視察團團長的身份前往近東，主要是為了替同盟國敘利亞的塞流卡斯王朝打氣。從此以後，羅馬開始負起裁定敘利亞國王繼承的責任。

學者推算格拉古可能逝世於西元前一五三年左右。據說他與妻子共生了十二個小孩，但是由於當時嬰兒死亡率極高，因此最後只留下提伯留斯、蓋烏斯兩兄弟以及嫁給小西比奧的女兒而已。十歲喪父的提伯留斯與相差九歲的弟弟蓋烏斯根本不記得父親的長相，更不知道父親留下大筆的遺產、舉世的好評以及為數眾多的「後援者」。當時羅馬非常盛行寡婦再婚，凡是有意再婚的婦女一定可以找到合適的夫家，更何況是著名「偉大西比奧」的女兒柯爾妮呢！當時有許多王公貴族向她求婚，甚至包括埃及托勒密王朝都有意娶她為王妃。

但是柯爾妮婉拒了所有婚事，理由是她只想一心一意將兒子撫養成人。

格拉古兄弟在母親周到的照顧之下成長。柯爾妮取得當時羅馬教養人的資格；在她眼裡兒子就是「兩塊寶石」，除了親自教授兒子希臘文之外，甚至遠從希臘聘請學者當兩兄弟的家庭教師；但是她絕對不會完全把兒子交付給家庭教師或家僕。她曾說：「孩子不只是在母親體內撫育而已，更應該適時給予機會教育，包括在餐桌旁。」兩兄弟就在母親細心調教之下成長茁壯。柯爾妮與凱撒的母親奧雷莉亞被譽為羅馬婦女的最佳典範。

史料並未提及提伯留斯殲滅迦太基回到羅馬之後幾年間的動態，但是應該可以料想他會依照羅馬貴族子弟的生活模式，住在當時的高級住宅區——帕拉提諾山丘，不斷地輾轉於軍團之間，直到二十歲時獲選為祭司。

第I冊《羅馬不是一天造成的》中曾經提過古代羅馬沒有專職的祭司階級，完全由選出的公民進行祭祀。羅馬屬於多神教國家，因此祭司出現在公眾場合的機會相當多。軍團出征前需要眾神庇護保佑，凱旋歸來時也必須對神表示謝意。除此之外，還有許多大大小小的祭祀，所以即使是年輕的祭司也有機會與羅馬公民以及元老院議員接觸。

元老院的「第一人者」（可說是元老院的議長）非常賞識提伯留斯。有一天他回到家大聲地把妻子叫出來，說：「我已經決定了克勞蒂亞的婚事了！」妻子心裡十分不高興，女兒的終身大事怎麼可以不和母親商量，就擅自決定呢？她回答：「何必如此心急？對象又不是提伯留斯．格拉古！」

無庸置疑地，當妻子知道實情後，心情豁然開朗。無論古今中外，所有母親心目中理想的女婿都一樣。提伯留斯正是當時所有母親心中最屬意的女婿。二、三年後這樁婚姻成真了。

西元前一三七年，二十六歲的提伯留斯被選為派遣至西班牙軍團的隨團審計官，前往西班牙。

根據後來他弟弟的描述，當時提伯留斯前往西班牙途中經過托斯卡那，發現在農地上耕作的不是當地居民——伊特魯里亞人，而是外國奴隸，提伯留斯見狀十分驚訝。不僅是這件事，當他抵達西班牙之後，令這位具有強烈責任感的優秀份子訝異的事情源源不斷。

雖然他的職位是審計官，但是隨軍團出征的審計官職務就不只是負責會計而已；工作還包括調度軍團所需的物資、發放士兵軍餉，以及戰鬥之外所有軍團運作的雜務，可說是集總務、總經理事務於一身。另外，回國後的會計報告也是他的工作。對一個儲備領導者而言，這項職務是必要的任務、經驗；而且羅馬中央也樂此不疲，或許是因為他們認為總司令官應該熟悉軍隊的收支情形，才能得心應手地派兵遣將吧！

羅馬這次派遣軍團至西班牙，是為了解決四十年來首樁的叛變事件。四十年前，提伯留斯的父親採用懷柔統治方式，使西班牙維持了將近半個世紀的和平穩定。

但是，派遣至西班牙的軍團在平定叛亂之前就已經四分五裂，再加上後來戰敗撤退時又遭到敵人圍攻，只好賠上所有的武器及物資，才得以全身而退，簡直落魄到極點。羅馬人對軍隊素質低落的問題一直視而不見，這個情況使得提伯留斯更加認真思考如何解決這個難題。

事實上，早在第三次布尼克戰役時，小西比奧就不信任羅馬正規編制的軍隊，而是轉向後援者徵兵，率領自己招募的軍隊遠征西班牙。

此外，在提伯留斯回國那年，西元前一三五年，羅馬發生了歷史上首次的奴隸叛變，派往西西里島鎮壓的軍隊不但無法平亂，更陷入苦戰。

我們當然會猜測羅馬即將發生前所未有的戰亂，究竟地中海世界的霸權——羅馬發生了什麼事？

羅馬於西元前五〇九年開始實行共和體制；西元前三六七年，根據「李錫尼法」明定平民得以擔任所有公職；西元前二八七年，制定「霍田西法」，凡是公民大會中決議的事項，直接列為國家基本大法，貴族與平民之間的差別待遇從此完全消弭。另外，護民官為平民階級的利益保護者，卸任後即獲得元老院議員的席次；這種作法不但可以避免領導權握於少數人的手中，同時可以避免國家分裂。

公民大會的功用更是不容忽視。它負責決定開戰、結束戰爭等等重要大事；而且執政官以及其他主要官職都是經由公民大會選舉產生，也就是說，公民大會握有人事決定權。戰爭時所需的資金也是依據公民資產多寡按比例分攤，就社會正義面來看，這種作法非常公平。

雖然政府強制規定人民出資，但是一旦政府有能力償還時，就會將所有金額退還，我們可稱之為戰時國債。只是償還期可能長達二十年；而且這段時期完全免息，實質上就是直接課稅。然而羅馬公民的義務不僅如此。在被羅馬人喻為「漢尼拔戰爭」的第二次布尼克戰役十七年間，以執政官身份前往前線指揮戰事者多達二十五人，其中有八人為國捐軀；試想全國最高指揮官的死亡比例都這麼高了，可想而知民兵傷亡的慘重。由於當時羅馬人上下一心，最後終於贏得勝利。

第二次布尼克戰役之後，羅馬社會開始有了重大改變。

羅馬軍聲稱屢戰屢勝，而且從來沒有一個執政官因此犧牲。這雖然無可厚非，只是凡事都有正、反兩面。羅馬體制中，凡是執政官的子孫都可成為貴族，這原本是為了防止政權落入少數人手中，但是這種作法還是不夠充分。

從西元前二〇〇年到前一四六年迦太基滅亡這五十四年間，執政官總數高達一百零八人。這一百零八位中「新進者」（家族中不曾有人擔任過執政官者）僅有八人，其餘的一百人皆出自柯爾涅留斯家族、巴里斯家族或是格拉古所屬的善普羅尼斯家族等二十八個名門望族。如果貴族與平民的勢力可以互相抗衡，那麼貴族與平民就沒有差別；但是在當時的羅馬社會中，雖然貴族平民通婚的例子不在少數，但是同樣是羅馬公民，屬於元老院派的平民與非元老院派的平民卻有相當的差異。

原本元老院只是國家的幕僚機構，不具有任何實質決定權；所謂「元老院勸告」只是元老院討論過後提出的「建言」而已，元老院本身並沒有權利將建言政策化，所以羅馬的共和政體理論上屬於主權在民。

漢尼拔戰爭時破壞了這個體制。當時迫於臨時危機處理，羅馬政府就直接將元老院的建言政策化；當時完全是為了解決前所未有的緊急狀況，但是這樣的作法卻一直延續到戰爭結束以後。在戰爭時期，這個作法的確發揮了莫大的功能，因此沒有人質疑它的有效性。因此在戰爭時，所有的權力集中在原本只有勸告功能的元老院手中。羅馬霸權從義大利半島擴及地中海世界的這段時期，元老院的權力也不斷擴張。

第一、外交權。凡是羅馬霸權下的屬省、同盟國使節皆必須至元老院拜會；這些地區如果發生任何事件，也是由元老院組成調查團前往了解狀況。

第二、人事權。雖說主要的公職皆是由公民大會選出，但是元老院卻握有實質的就職同意權。

第三、財政權。元老院得以決定屬省稅制；財務官也是由元老院議員擔任。財務官每五年必須調查人民資產，因此對羅馬公民而言等於是「國稅局」；另外財務官也握有公共事業發包的權力。

第四、司法權。羅馬公民有權提出控訴，也可以告發屬省人民；裁決機構長官為法務官，同時也是元老院議員，判決的陪審員完全由元老院議員獨占。

元老院甚至握有軍事權。雖然執政官是由公民大會選出，但是由於元老院有權決定執政官的任所，而且元老院還有權指派前任執政官統治屬省，因此可以說握有軍事大權。

羅馬各階級對應的財產門檻（單位：塞斯泰契斯銅幣）

	第一次布尼克戰役後（西元前 241 年）		第三次布尼克戰役後（西元前 146 年）	
第一階級	10 萬以上	相差十倍以下	100 萬以上	相差五百倍以上
第二階級	10 萬～7 萬 5000		100 萬～30 萬	
第三階級	7 萬 5000 ～5 萬		30 萬～10 萬	
第四階級	5 萬～2 萬 5000		10 萬～5 萬	
第五階級	2 萬 5000 ～1 萬 2500		5 萬～6400 不久後資產下限降至 4500；西元前 130 年更降為 1500	
無產階級	資產在 1 萬 2500 以下者為免稅階級，也不需要服兵役		資產在 6400 以下	

如果社會沒有任何動盪不安，元老院即使大權在握，羅馬應該也不會發生任何問題。羅馬人在觀念上與希臘人完全不同；羅馬人不會質疑共和政體的少數指導制度是否正確，他們只在乎制度是否發揮它應有的機能。

上表是羅馬十七歲到六十歲的役男人口，羅馬是以兵役代替直接納稅，因此可以說這些人都是有能力繳稅者。

從表中可以看出，在沒有大規模戰爭時期，即使降低資產下限，公民人數依然遞減，這是由於免服兵役的無產階級增多的緣故。羅馬政府規定役男在從軍時，如果家庭

具有羅馬公民權的役男人數變化表

年　代（西元前）	擁有羅馬公民權的人數	
241	26 萬	第一次布尼克戰役終了
225	29 萬 1200	第二次布尼克戰役開始前七年
204	21 萬 4000	第二次布尼克戰役開始前二年
189	25 萬 8318	敘利亞戰役結束一年後
179	25 萬 8794	派遣到西班牙的軍隊未列入調查中
169	31 萬 2805	馬其頓王國滅亡時
159	32 萬 8316	羅馬未發生大規模戰事
147	32 萬 2000	第三次布尼克戰役當時
136	31 萬 7933	羅馬未發生大規模戰事

無法維持生活者得以免除兵役。無產階級增加是由於貧富差距懸殊。西元前二世紀以前，羅馬社會動盪的主因在於平民要求政治上的平等權利；但是到了西元前二世紀後半，所有的抗爭起因於爭取社會正義、公正。

為什麼社會會產生這樣的問題呢？按理說羅馬是地中海世界的霸權，社會應該是富足康樂，為什麼社會中堅份子的資產反而逐年下降呢？

社會不安往往是因為經濟蕭條，而經濟蕭條的最大徵兆就是失業人口增加。羅馬原為農耕民族，羅馬農民勤勉、進取，一般都公認羅馬農民的生產力遠優於鄰近的高盧 (Gallia) 人。另外，以農為業的羅馬公民也非常引以為傲。據說西元前五世紀時，辛奇那圖斯被推舉為獨裁官之後，放下鋤頭帶領軍隊征戰，但是戰事結束後他又立刻拿起鋤頭下田工作。當時羅馬農民多屬於家庭規模的自耕農，家中即使擁有奴隸也僅有一、二人而已。

後來農耕地、奴隸雖然逐漸增加，但是仍以自耕農為主。自耕農屬於第四、第五階級資產者，不必繳納直接稅，但必須服兵役；因此在羅馬稱霸過程中，是一股不可忽視的力量。羅馬社會中除了士、農之間的界線較不明確之外，我們可以說士、農、工、商四個階級根本是為羅馬人而設的。

但是，義大利經濟結構的改變，卻帶給這些中產階級莫大的衝擊。

第一次布尼克戰役結束後，也就是自西元前二四〇年開始，羅馬政府開始向新屬省西西里島徵收大量小麥，來取代直接稅。但是這項措施卻給予羅馬小麥農莫大的打擊，因為羅馬農民屬於小規模生產，小麥價格競爭力當然不敵西西里島的小麥；於是他們只好從事畜牧業或是生產橄欖油、葡萄酒。當時以小規模自耕農為主，可說是農民的時代；由於羅馬國力逐漸強盛，街道等等社會資本也隨之充實，因此包括同盟都市在內，整個義大利的生產力提升，對橄欖油、葡萄酒的需求量也隨之增加。

但是到了西元前二世紀中葉，情況開始有了轉變。

第二次布尼克戰役時，羅馬政府強制人民購買的戰時國債，到了西元前一八七年時，取消了國債償還制度。

接下來，在西元前一六七年更進一步廢除臨時直接稅。

當時羅馬屬省西起西班牙東至希臘，羅馬政府有權向屬省徵收什一稅，再加上礦產的收益，實際上羅馬政府已經不需要再向公民課徵「直接稅」了。所謂的「直接稅」是依據公民資產的多寡按比例徵收，而今廢除這個制度，最大的受益者是富裕階級，造成了羅馬「資金過剩」。

第二個重大變化是「騎士階級」的抬頭。騎士階級的抬頭完全是受到羅馬霸權擴張（也就是市場擴大）的刺激所致。

將拉丁文中的"Equites"直譯為騎士階級不免令人誤以為是騎兵，實際上意譯應為「經濟階級」。他們屬於第一階層資產者，有義務提供騎士所需的經費，為了與「貴族階級」、「元老院階級」加以區別，因此稱這群人為「騎士階級」。「騎士階級」既不屬於名門貴族，家族中也不曾有人擔任過執政官，因此，與其在政治上爭一席之地，不如專心致力於經濟活動；更何況羅馬法律明訂嚴禁元老院議員從「商」，所以騎士階級的活動空間就不受元老院牽制，得以自由發揮。羅馬霸權的擴張使經濟市場擴大，他們的活動空間當然也就更加寬廣。

「騎士」的事業相當多，原本主要的事業為承辦租稅徵收，承包業務得標之後可以收取手續費；另外許多人必須借錢繳納租稅，因此他們的另一項事業就是借貸，騎士先代替公民繳納稅金，而後再向公民收本利。雖然元老院不會任由惡性金融業者為所欲為，但是羅馬共和時代制度尚未完備，對於這類事務無法可管。據說暗殺凱撒的布魯圖斯 (Marcus Junius Brutus) 就曾經以百分之四十八的高利貸借錢給別人，令西塞羅 (Marcus Tullius Cicero) 大為吃驚。一般的良心業者放款利率大約為百分之十二。

提供軍隊必要物資也是「騎士」主要的事業之一。以現在的情形來判斷，我們不難想像這份事業的獲利是何等優渥！

此外，他們也負責興建公共建設。羅馬發展成富裕國家的同時，也發明了石灰與火山灰混合的水泥，在西元前一九〇年至前一四〇年間應用這些水泥共興建了三座會堂——波魯奇會堂、艾米里亞會堂、善普羅尼斯會堂，這些會堂專供審判、會談、公民大會之用。另外，騎士也整修了八座神殿；於西元前一四四年建造馬魯奇諾下水道，規模是前所未有的；西元前一七九年興建了橫跨臺伯河的十座橋；其他諸如街道修補、海埔新生地等等也都是騎士們的功績。承包大規模工程時，騎士通常會邀集同業組成合併公司，共同建設。

羅馬以外的地區也以類似公司的組織進行經濟活動，將總公司設在羅馬，在其他屬省、同盟國設立分公司，活躍於各處分公司的多是優秀的希臘裔義大利人。

這些人之所以可以活躍於商場，完全是因為元老院議員在幕後撐腰；羅馬法律明訂元老院議員不得從商，但是百密總有一疏，多數的元老院議員利用解放奴隸的名義進行投資、運用資產；西比奧彈劾事件中主要發起人之一——加圖就是以這種方式投資。這種作法使得羅馬社會富者愈富，貧者愈貧。

一般人只要身邊有錢就想投資，古今中外皆認為投資土地最為划算。原本沒有土地、放棄政治改從事經濟的「騎士」當然也將土地投資列為優先考量。羅馬究竟還有沒有可投資的土地呢？

羅馬共和稱霸義大利半島時期，戰勝後絕對不會破壞敵人原有的城市，也不會殺害平民百姓，而是將它納為同盟國，僅沒收一部份土地作為羅馬國有地。依據學者估計，西元前一四〇年時國有地總共有五十萬公頃，約占羅馬總面積的七分之一。

羅馬政府將這些國有地全數租給羅馬公民，租金計算方式如下：小麥耕地的租金為全年收益的十分之一，橄欖、葡萄耕地則為五分之一；對佃農而言，這是最合理的租金了。

此外，國有地的租借權可以移轉給子孫，也可以讓渡給他人，因此實際上可算是私有地，只是在法律上稱之為國有地罷了。

利用這些國有土地從事畜牧業或者種植橄欖、葡萄等，農民必須等到數年後才可能獲利，在此之前他們必須先借錢投資；使用的土地愈大獲利愈多，相對地事先的投資金額就愈大。西元前二世紀後半，羅馬人在軍事上屢戰屢勝，留在羅馬的奴隸就成為最廉價的勞動人口。奴隸勞動人口的好處在於需求愈多時，酬勞就相對減少，而且這些奴隸不需要和羅馬公民一樣服兵役。

成年的羅馬公民服完兵役回到家，發現自家勞動收成作物的價格不敵僱用大量奴隸的大規模農園，常常因為作物滯銷或是削價競爭，而使得生活陷入窘境，只好借貸度日，結果卻也是困獸之鬥。問題不在於羅馬人民缺乏勞動動機，而是整個農業結構已經改變了。

羅馬執政者深知羅馬軍事力量完全來自於中產階級的自耕農，因此絕對不能放任土地集中於少數人手中。其實這個現象早在第二次布尼克戰役時就已有些徵兆，當時法律明訂國有地的租地上限為五百尤格（約一百二十五公頃）。但是這項規定仍有不完備之處；元老院議員雖然不准從商，卻可以堂而皇之地經營農業，他們除了以自己的名義租借五百尤格之外，還以家人、親戚的名義租地。法律制定後一百年，也就是西元前二世紀中葉時，借地限制法早已名存實亡了。

奴隸免服兵役屬於安定的勞動力，大規模的農莊僱用這些奴隸，獲利必然增加，連帶提升羅馬整體的農業生產力。但是缺點在於原本的自耕農必須舉債度日，農產品價格又無法與大規模農莊競爭；最後只好放棄土地，成為無業遊民，造成羅馬失業人口大增。

這些失業人口都集中於首富之都羅馬，按照研究者的推算，當時的失業率高達百分之七；這是個非常嚴重的社會問題。

充實社會福利也無法解決這個問題，因為這些人不單是失去工作，無以為生而已，他們更迷失了自己生存的意義；能夠像提格涅斯（Diogenes Sinopeus）一樣，終日棲身於樽中而不失尊嚴的人畢竟是少數。多數人依賴工作以保有人的尊嚴，因此為了保有為人的尊嚴，不單是靠社會福利就可以達成，唯有還給他們工作權。這些羅馬「失業者」自然淪為無產階級，當然就不必再服兵役了。我們無法深刻體會當時這些人質疑自我存在價值的心理，但是可以肯定的一點是，他們不再以羅馬公民自居了。

在具有羅馬公民權的役男人數變化表中，可以發現西元前一五九年以前，役男人數逐年增加，但是從這一年起卻一路下滑；原因不在於十七歲至六十歲的男性人口減少，而是具有服役資格的公民人數減少了。當時政府已將資產下限從一萬二千五百塞斯泰契斯銅幣降為六千四百塞斯泰契斯銅幣；後來又因為徵兵不足，再次降為四千五百塞斯泰契斯銅幣，這使得原本不需服役的下層公民也必須服役。雖然這些下層公民不善於征戰，但是我們也不能將西班牙原住民及西西里島奴隸叛亂戰爭失敗的原因歸咎於他們；因為責任不只是他們，更何況這些戰爭不是為了保衛自己的家園而戰，而是為了維持羅馬的霸權！

提伯留斯 · 格拉古像

西元前一三四年夏天，提伯留斯·格拉古當選為護民官，當時他年僅二十九歲，但是他獨特、善於安撫人心的態度以及年輕的嗓音深深地烙印在羅馬人的心中。

「棲身於原野的動物、空中的飛鳥都有屬於自己的窩，只要回到家就可以充分地休息；

為什麼一些為國犧牲的戰士只能曝曬於陽光與空氣之中呢？他們居無定所，只能帶著妻兒四處流浪。

戰場上指揮官鼓舞著他們說：『擊退敵軍才能保住祖先的墳墓！』其實這些話都是謊言，因為他們連祭祖的地方都沒有，甚至連祖先的牌位都沒有！這些士兵奮勇戰敵、為國捐軀，完全不是為了自己，而是為了保護他人的財產與幸福。

大家都說羅馬公民是最大的贏家、世界的霸權，但是現實生活中的羅馬公民卻連自己的土地都沒有。」

提伯留斯迫不及待地在當年十二月十日護民官任期一開始，就提出農地改革法案。他提案的「農地法」與現代的農地改革不盡相同。無庸置疑地，保護私有財產是羅馬人的基本權利，但是格拉古所提的這項法案——「善普羅尼斯農地法」，卻是以國有土地為主要對象。

「農地法」主要內容如下：

國有土地租借上限為五百尤格（約一百二十五公頃），如果以兒子名義租地，則每個兒子租地不得超過二百五十尤格，全家租地總合以一千尤格為限；畜牧用的家畜也不得超過六百頭。

如果租用土地超過一千尤格以上，必須將多餘土地歸還政府，政府會依歸還地大小酌量發予補償金。政府之下設置常任委員會，專責將這些歸還的土地再租借給其他有需要的公民。

這是一項期待公平的改革案，因為大多數的農民租地面積只有三十尤格左右。提伯留斯．格拉古的農地改革構想早在百年前就已經立法，但是最後淪為有名無實，又回復到原來富裕階級霸占土地的情形，租金也毫無改變。名義上說是徵收國有地租金，實質上是課徵私有地稅金。因此這項改革法的真正意圖在於糾正富裕階級以解放奴隸或親戚的名義租借土地的歪風。

這項法案順利地通過，元老院並沒有任何反對的舉動。很明顯地，格拉古的提案標榜公正公平，許多人都贊同格拉古法案；包括元老院中最具權威的阿庇斯．克勞迪、權威法學專家同時也是當年的執政官姆其斯．薛伯拉等人。元老院議員的既得利益遭受侵害，心中堅決反對格拉古的法案，但也不能無視於事實存在，所以元老院方面不會正面和格拉古唱反調。

其實格拉古的想法是很顯而易見的。

將土地重新租借給無產階級，使他們恢復農民身份，如此就可以健全羅馬公民結構；不僅解決了失業問題，也消弭了社會不安。一旦公民結構健全，由羅馬公民組成的軍隊素質自然也就可以提升。他的構想與希臘雅典的作法完全不同，不是透過階級鬥爭來排擠其他階級的人，因此元老院不能以分裂國家的名義來制裁他。但是光靠分配土地並無法使自耕農自立，羅馬第一位農業專家加圖曾說：「義大利缺乏平原，適合種植葡萄及橄欖，或是從事畜牧業。」我們要了解，這些農作物或畜牧業都必須事先投資，對都市無產階級而言，根本遙不可及。因此格拉古除了對歸還土地的人支付補償金之外，還必須增列新條款，從國庫中提撥一部份金額當成自耕農的補助金。

事情發展至此，一直不敢表示反對的元老院議員終於找到藉口了——國庫不得補助私人！因為「農地法」承認子孫得以繼承租借的土地，所以租借地即可視為是私有土地。元老院議員就咬住這一點，冠冕堂皇地反對「農地法」；但是他們自始至終真正的目的在於不願意歸還不當借用的土地。

歐大維與格拉古同為護民官，反對派成功地利用他保守的個性。法案付諸表決時，四位護民官中只要有一人反對，這項法案就不能提到公民大會表決。歐大維就行使法律上的否決權(Veto)，反對格拉古的法案。

格拉古與歐大維年齡相仿，從小就是好朋友。兩人都出自名門，名門子弟的教養是：早上在家接受家庭教師的指導，下午則到城外馬爾斯廣場附設體育場鍛鍊體魄。格拉古怎麼也沒料到法案竟會遭到好友的否決，這對他來說是一大打擊。但是格拉古也不會輕言放棄農地改革，更不肯作絲毫讓步，他甚至不願私下與歐大維和談；他嘗試著在講臺上和歐大維展開一番論戰。

兩人的辯論持續好幾天，無論話鋒多麼犀利，雙方絕對不會惡言相向、互揭瘡疤，也不曾聲嘶力竭地叫囂；兩人雖然立場敵對，卻謹守著應有的禮儀與風度。歐大維略居劣勢，但是反對派人士暗中一直支持著他。

格拉古眼見歐大維不願放棄行使否決權的堅定意志，只好訴諸最後手段——罷免歐大維護民官的職務。這在羅馬史上是破天荒的事，只要可以在公民大會中投票表決通過罷免歐大維，「農地改革法」就可以順利通過。這是唯一的方法了！格拉古以「不能維護公民權益的人不配為護民官」為由，獲得多數公民支持。公民大會中再也沒有人可以行使否決權，格拉古的「農地法」以壓倒性多數通過。

「三人委員會」開始收回所有不當租借的土地，再轉租給有需要的無產階級。委員除了格拉古之外，還有舅舅阿庇斯以及弟弟蓋烏斯．格拉古；但是由於蓋烏斯即將從軍離開羅馬，而舅舅年事已高無法勝任，因此只有格拉古一人孤軍奮鬥。這份工作甚至剝奪了他的睡眠時間，大概只有三十歲的年輕人才能如此吧！

反對派不斷利用各種手段妨礙工作進展，例如法案通過之後不再提供公民大會的場地等等；但是所有的阻礙都無法打倒年輕護民官改革的決心。法案通過之後，他更意識到護民官必須為民著想，但是他卻與原本強力支持他的元老院穩健派人士漸行漸遠。

穩健派人士深具道德良知，所以才會支持格拉古所提的法案，同時他們也不容許違法行為存在。罷免歐大維事件中，格拉古一貫反富裕階級的舉動依然獲得大多數支持，但是他們卻反對格拉古的另一提案——將新屬省婆高蒙王國的租稅全數作為實施「農地法」的財源。

元老院有權重組新屬省，這已經實行七十年之久。當羅馬政府決定將某地納為屬省時，先由元老院議員組成十人視察團前往新屬省訪問、了解當地狀況，依據視察結果再決定往後的統治方式；最後再由元老院表決，才算真正決定新屬省的統治型態。格拉古的新提案嚴重侵犯到元老院的權力。

當時提伯留斯急需資金以幫助失業者不再流離失所，為了讓他們安定下來就必須提供他們生活補助。如果做不到這點，這些人必定又得借錢度日，無法還債時只好被迫變賣土地，那麼一切努力又歸零。格拉古為了實現「農地法」，只好不擇手段地確保財源穩定。在無法動用國庫資金以及與財務官交涉不成的情形下，格拉古認為婆高蒙王國是神賜給羅馬的恩典。

格拉古這樣的作法無疑是向元老院權威挑戰，當然遭到元老院強烈反對，偏偏格拉古絲毫不肯讓步。婆高蒙國王在遺囑中表示要將國家交付羅馬公民，但是元老院握有動用羅馬公民財源的權力。格拉古的提案是在平民大會中通過而非公民大會，格拉古是依據「李錫尼法」通過提案；因為這項法律明言，凡是平民大會中通過的提案，即可成為新法。

自古以來，第一次有人如此明目張膽地反對元老院主導的寡頭政體。羅馬政府可說是以元老院為基礎，而今這些從政者深切感受到七十多年來穩固的政治體系已經遭到動搖，肇事者正是提伯留斯·格拉古。

其實，格拉古也意識到原本支持他改革的人態度已有所轉變，但是這絲毫沒有動搖他改革的決心。付諸實行的「農地改革法」不能因為任何因素半途而廢，唯有堅持到最後，將改革成果公諸於世，才能奠定羅馬共和的基礎；否則羅馬將走上亡國之路。這樣的危機意識是支持他孤軍奮戰的最大力量。

三十歲的護民官為了使改革不致於因為自己下臺而告終，所以必須連任護民官，去年十二月十日起的護民官任期眼見只剩下半年，萬一新任護民官理念與他背道而馳，那麼改革勢必中途而廢，這點令格拉古擔憂萬分。

「漢尼拔戰爭」結束之後，羅馬的非常時期也隨之告終，因此一切制度恢復原狀，執政官不得再連任，其他官職也一樣。但是法律並未禁止護民官連任，因為護民官不屬於政府公職，而是平民階級代表。當初設置護民官一職的用意，就是要保護一部份人的權益。

西元前四世紀，羅馬法律中規定護民官卸任後可以獲得元老院議員的席次。自羅馬建國以來，這是平民晉身貴族的捷徑；當選護民官後入主元老院，而後擔任法務官，最後再成為執政官。護民官的職位幾乎每年換人，因為與其擔任護民官不如盡早進入元老院，這樣對自己的政治生涯較有利。所以儘管法律上未限制護民官不得連任，但是就以上幾點看來，根本沒有人願意連任護民官。既然法律不禁止連任，格拉古決定利用這個漏洞來尋求連任。當時他身邊不乏與他一樣出身富裕，卻一心想改革的年輕狂熱份子。這些人開始替格拉古四處奔走，期望探聽出他連任的可能性，可惜根據這些年輕人回報的消息，提伯留斯·格拉古很難再獲連任。

我們不難想像因為農地改革而權益受損的元老院議員，當然反對他連任護民官；另外，原本支持格拉古改革的元老院穩健派，也不願見到元老院主導的寡頭政體遭受破壞，當然也反對他連任。儘管如此，護民官選舉是在平民大會中進行，它獨立於元老院與公民大會之外，格拉古連任與否的關鍵，在於他是否可以獲得大多數平民的支持。但是當時的情勢岌岌可危。

直接民主政治的缺陷之一是，誰最容易到投票所投票，誰的意見就容易被重視。在羅馬舉行的平民大會中所作的任何決定，大多操縱於居住在羅馬的人手中，而非全數的羅馬平民。而住在首都羅馬的平民多從事工商業，對這些人而言，格拉古所提的法案與他們毫無利害關係。羅馬平民的公共意識強烈，因此他們多數支持格拉古的改革；平民與無產階級接觸的機會很多，他們了解一旦無產階級增加，失業人口增多，自然會引起社會的動盪不安。

羅馬的平民可以參加平民大會，有專門保護平民利益的護民官，因此不會因為自己是平民而感到自卑。護民官每年選出四名，彼此間的地位和權限相等，然而格拉古竟將同是護民官的歐大維解了職。儘管當初在罷免案時，平民們投下了贊成票，但是對於代表自己的護民官被罷免一事，至今仍是耿耿於懷，因此說什麼都反對格拉古連任。反對派指控格拉古想要集權；在短視的人眼中，單純的政治考量也會被看作是一己之私，況且這種事不是現在才存在。尤其羅馬又是一個共和國家，批評一個人想要成為獨裁者，最能引起人民共鳴。真正贊成格拉古的人，只剩下城市中的無產階級。儘管這些人為數不少，要齊聚投票所投票也不是難事，但是羅馬選舉制度是依資產多寡決定票數，所以格拉古能贏得的票數依然有限。

居於劣勢的格拉古絲毫不氣餒，他反覆思索應該如何獲得無產階級以外平民的選票。他想到羅馬有產階級必須服兵役以及很多平民商人將市場擴展至海外這兩點。

為此格拉古提出兩項新法案，一為縮短兵役期限，一為司法法案。所謂司法法案，是指將原本全由元老院議員專斷的陪審員席次挪出半數席次給「騎士階級」，也就是富裕階級；格拉古認為這項作法可以為自己爭取支持選票。這兩項法案引起平民的熱烈反應，雖然法案尚未交付表決，卻已經使得格拉古再次贏得支持，這又使得反對人士更加提高警覺。

護民官選舉的日子終於來臨！格拉古到達選舉會場卡匹杜里諾山丘時，受到支持群眾熱烈歡迎，彷彿看到他當選後的情景一般。只是如此大的聲勢，卻招致了災禍。

卡匹杜里諾山丘是羅馬境內七座山丘中地勢最高的，但是山頂上的平面面積卻是最狹小的。在這座狹小的山丘上，有祭祀天神朱比特的神殿及其他大小神殿共五座，平民大會就是在朱比特神殿廣場前舉行；偌大的神殿被群眾淹沒。八十公尺外供奉信義之神的神殿內，元老院議員正在裡面商議因應對策。

會場聚集了比往常更多的民眾，想要維持秩序順利進行難如登天。群眾中除了支持格拉古的人之外，也有許多反對示威的人，現場一片混亂。格拉古站在神殿前的階梯上，反對者集結之後開始朝神殿緩慢移動，支持格拉古的人士也準備阻止他們靠近格拉古，兩派人馬對峙。親格拉古的元老院議員富拉庫急欲趕來告知元老院開會結果，卻被大批人馬阻隔不得其門而入，最後他跑上另一座神殿的階梯上對格拉古派人士做手勢，格拉古派人士見狀立刻讓出一條通道，富拉庫才得以見到格拉古本人。富拉庫轉述元老院的決議，他說強硬派希望執政官行使職權以阻止格拉古連任，偏偏得不到執政官首肯，於是這些強硬派議員決定將武器分配給自己的屬下及奴隸，他們想要以武力阻止格拉古再度當選護民官。

格拉古的支持者得知情況後態度轉為強硬，所有的人將自己的衣襬繫於腰間，拿起原本用來指揮的木棒，以防突發狀況。

有些群眾距離神殿很遠，他們也注意到一股非比尋常的氣氛，因此大聲詢問格拉古：「究竟出了什麼事？」雖然格拉古很想向所有的人解釋，但是他的音量畢竟有限。他為了告訴群眾危險臨頭，因此舉起手指著自己的頭。

這個動作看在反格拉古群眾的眼裡，他們立刻到元老院議場據實以告：提伯留斯．格拉古希望支持民眾為他加冠。

這引起元老院議員一陣騷動。最高神祇官西比奧．那西卡脅迫似地對執政官說：

「為了打倒暴君，將國家從專制者手中救出，你必須行使執政官的職權。」

執政官薛伯拉反駁說：

「這些人應該不會有暴力舉動，更何況我也無權在判決之前將民眾處死；如果民眾是受到格拉古的威脅才選他為護民官，那麼這個選舉也無效！」

聽完這席話，那西卡再也按捺不住，立刻站起來對所有元老院議員說：

「各位！你們親眼目睹最高領導者背叛了國家！決心維護羅馬體制者請追隨我去討伐格拉古！」

話畢，那西卡撩起長衣下襬掩住頭，這個舉動是祭司在祭神時的動作，象徵奉獻一切。那西卡威風凜凜地朝朱比特神殿走去，緊跟其後的是元老院強硬派的議員，他們左手撩起長衣下襬，右手拿著鐵製的椅腳。

多數平民看到最高神祇官帶領元老院議員朝著神殿前來，都被這般情景懾服，不敢再頑強地佇立在神殿前，害怕地四處逃竄。由於一切事出突然，有些人被絆倒，但是隨後的人也不顧一切地踩在他們身上，以求自保。

在羅馬守護神的神殿前，農地改革派與反對派首次正面衝突；這情形就像是意見相左的兩派人馬，彼此心懷憎惡。格拉古派的人雖然年輕力壯較占優勢，但是他們手中僅有木棒，怎麼也抵擋不了手握鐵製椅腳的元老院議員；原本負責保護格拉古安全的保鑣也紛紛逃走，最後格拉古自己殺出重圍，從卡匹杜里諾山丘往羅馬大道方向逃逸。一路斜坡使得他精疲力盡，被旁邊的死屍絆倒，當他正要起身繼續逃跑時，卻被隨後追來的人一人一棒打倒。當時與格拉古一樣被追殺的支持群眾多達三百人，這些人最後的命運也一樣被活活打死，沒有人是一刀斃命。反格拉古派的人對格拉古及支持群眾的怨恨並沒有因此而解除，他們不准家屬火葬這些人的屍體，反而將屍體全部丟進臺伯河。

整件事最後以悲劇收場，令元老院良知派議員感到十分錯愕。對幸運逃出的平民而言，這是一段不堪回首的慘痛記憶。羅馬在王政時期，會因為王位交替而發生流血衝突事件；到了共和時期，羅馬人之間已有四百多年不曾因為爭奪而流血。守護平民利益的護民官竟然在任期內被殺害！即使格拉古沒有獲得連任，他的任期應該是到那一年的十二月九日為止。

元老院為了平息民怨，以屬省祭典的事情為由，將眾矢之的——那西卡下放到近東；另外又決定繼續實施「農地法」，至於「三人委員會」中格拉古的遺缺由舅舅里奇紐斯·格拉古遞補，另兩人依舊為甫自西班牙返國的蓋烏斯·格拉古及阿庇斯·克勞迪擔任；這一切作為都是元老院向民眾宣示：即使提伯留斯·格拉古去世，農地改革依然可以繼續。

當時羅馬人都把這整件事當成是意外事故，但是我們現在反觀歷史就可以發現——西元前一三三年夏天發生的這個悲劇正是百年後「羅馬內亂」的開端！所謂內亂指的不僅是龐培和凱撒兩人之間引起的爭端，希臘歷史學家阿庇亞努斯(Appianus)在他的作品中，以西元前一三三年為起點，描述凱撒與龐培之間的抗爭，直至西元前三十一年屋大維擊敗安東尼與克麗奧佩脫拉聯軍為止。在整整一世紀的史書標題上，他使用了一個代表多數內亂的字眼，直譯為《諸內亂記》。這一世紀對羅馬人而言是「戰爭的世紀」，不同於三次布尼克戰役的是，敵人

羅馬的公民人口調查表

最低記錄年	西元前 136 年	31 萬 7933 人
格拉古改革二年後	西元前 131 年	31 萬 8823 人
改革八年後	西元前 125 年	39 萬 4738 人

並不是迦太基等等「外敵」，而是羅馬人本身，也就是所謂的「內敵」。英年早逝的護民官提伯留斯在位僅短短七個月，但他卻是第一個將成長過於快速的大國——羅馬的「爛瘡」公諸於世的人，而且明白指出，為了不重蹈大國滅亡的覆轍，唯有思考如何解決此一問題，這是羅馬人的當務之急。

在提伯留斯死亡的那一剎那，或許只能用「無奈」二字形容吧！唯一令他欣慰的大概只有一個不爭的事實——原本自西元前一五九年起逐年減少的役男人口，也就是擁有資產的社會中堅份子在這個時期開始不降反升。上表是羅馬的公民人口調查表。這項數據足以證明格拉古的想法是正確的！

提伯留斯・格拉古去世之後，「農地改革法」照常實施。「三人委員會」當然沒有理由解散，但是委員之一的阿庇斯・克勞迪不久後病逝，遞補格拉古遺缺的里奇紐斯・格拉古又戰死近東，最後只剩下年僅二十一歲的蓋烏斯・格拉古。羅馬共和政體規定年滿三十歲才得以擔任公職，因為他們認為二十歲仍是不經世事的年紀。提伯留斯・格拉古的「農地改革法」雖然沒有廢止，卻因為缺乏意志堅定的主導者，無可避免地陷入停滯狀態。西元前一三三年提伯留斯被殺後的幾年之內，羅馬維持了一段安居樂業的生活。

派遣至西班牙全權處理原住民叛亂事件的西比奧・艾米里亞努斯攻破叛

軍基地努曼提亞，就像當年攻陷迦太基城的情形一模一樣，西比奧完全壓制叛軍，占領努曼提亞城時正是格拉古被殺的時候。西比奧於隔年返回羅馬。

西西里島的奴隸戰爭也於西元前一三二年結束。羅馬史上第一次奴隸戰爭之所以會發生在西西里島是有緣故的，因為西西里島普遍經營大規模農園。在一般家庭規模的自耕農中，主人與奴隸的工作份量相同，奴隸受到的待遇也比較人性；相較之下，大農園中主人與奴隸的關係疏離，奴隸總是受到不平等的待遇。

羅馬政府平定了奴隸戰爭之後，立刻立法改善奴隸的待遇，因為羅馬政府深知奴隸戰爭的導火線，是源於奴隸長期受到不平等待遇，憤而殺死主人。

西班牙戰事平息，西西里島也暫告平靜。羅馬一向不派軍長駐屬省，因此開始刪減不必要的軍團編制，這也是使得農地改革熱潮降溫的原因之一。

格拉古的改革一開始就得到元老院良知派議員的支持，反對派不能正面反對的原因在於羅馬軍事力量不振是個不爭的事實。而今，役男人口既已回升，再加上戰事不再，當然就不需要這麼多的軍團了。人一旦生活安逸就容易忘記一些根本的問題，重回和平世界的羅馬人民，當然也忘記原本的當務之急了！

但是，不是所有的人都健忘！在非迫切需要時仍然牢記羅馬根本問題的人除了蓋烏斯·格拉古之外，當初支持提伯留斯改革的良知派議員，也不忘要盡快解決羅馬的根本問題——縮小貧富之間的差距。但是這些人碰到了一個大難題，這個問題是提伯留斯·格拉古在位七個月時從來不曾遇過的難關。

提伯留斯的農地改革辦法是收回不當借用的土地，再將收回的土地租借給真正有需要的都市無產階級；這無疑是尋求權利平等，但是真正付諸實施時，卻面臨一個不得不正視的問題。

租用土地在羅馬已有好幾世紀的歷史，歷經數百年之後，我們不難想像借地讓渡權被濫用的程度。所謂禁止讓渡是從提伯留斯時代才開始的。

假使土地讓渡的對象全都是羅馬公民，問題就單純多了！凡是不當借用的土地皆可依「農地改革法」沒收，因為羅馬公民必須遵守羅馬的法律。但是事實上，有很多土地都已讓渡給羅馬公民以外的人，也就是加盟「羅馬聯盟」的同盟都市市民，這就是問題所在！

我在第II冊《漢尼拔戰記》中曾經提過，在以羅馬為首的「羅馬聯盟」中，各個加盟國除了軍事同盟關係之外，甚至共用許多基本建設，如街道等等；所以加盟國可以說不僅是國防上的命運共同體，也是經濟面的共同體。正因為如此，羅馬才能安然地度過漢尼拔戰役這個難關。即使羅馬成為地中海世界的強權國家之後，軍事、經濟上的「羅馬聯盟」依舊存在，而且關係更趨緊密。

但是羅馬公民與同盟都市市民之間仍有差別。羅馬公民應盡的義務卻不能要求同盟都市市民照樣遵守，因為沒有相同權利的兩種人當然不能要求盡相同的義務；如果要求盡相同的義務，前提是必須有相同的權利。「羅馬聯盟」成立之初，就明言不能干涉內政，要求同盟都市市民盡義務就是一種干涉內政的行為；一旦干涉他國內政，「羅馬聯盟」便告瓦解。

漢尼拔戰役證明了「羅馬聯盟」有效的防衛體系，因此元老院不曾考慮破壞此一組織。對他們而言，維持「羅馬聯盟」比農地改革重要，因為「羅馬聯盟」是有效的防禦「盾牌」。

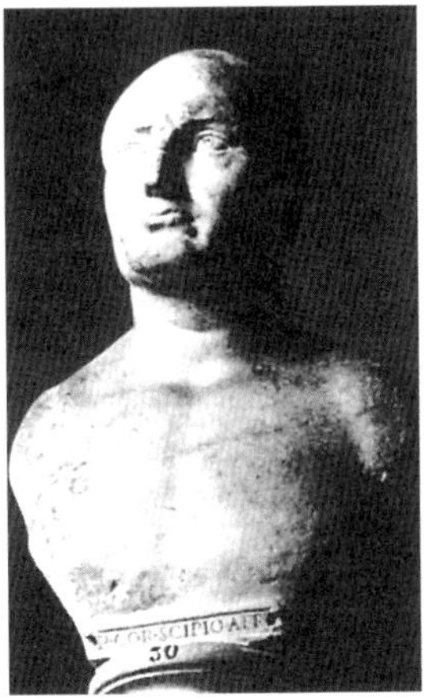

小西比奧像
（卡匹杜里諾美術館藏）

西比奧在西元前一四六年殲滅迦太基城，又於西元前一三三年併吞努曼提亞，使得西班牙內政趨於安定。回國之後，他可說是羅馬舉足輕重的人物。扎馬一役擊敗迦太基、贏得第二次布尼克戰役勝利的西比奧．亞非利加努斯被稱為大西比奧，而他的養孫西比奧．艾米里亞努斯則被稱為小西比奧。小西比奧接受「羅馬聯盟」加盟都市的陳情之後，才正式表明反對提伯留斯．格拉古的農地改革。可惜在他前往元老院發表反對演說當天早上，被發現死於自己房裡。有謠傳這是格拉古的餘黨所為，但是他既沒有外傷，頸部也沒有遭勒斃的痕跡。小西比奧中年以後身材肥胖，因此他應該是死於心臟病。西元前一二九年，也就是提伯留斯被殺四年後，第三次布尼克戰役的功臣小西比奧逝世，享年五十六歲。

小西比奧是個優秀的武將，同時也是個教養豐富、心胸開闊的人，這一點可以從他願意與希臘歷史學家波力比維斯、劇作家德倫西 (Publius Terentius Afer) 交往得到證明。一個人只要有才識學養，即使是戰敗的希臘人或迦太基人，小西比奧都能接受他們。但是學識豐富之人往往受到本身學識的限制，想法不容易改變。格拉古主導的改革雖然未被廢止，但也一蹶不振，這不完全是因為富裕階級者為了一己之私而不願意改革。

西元前一三三年提伯留斯被殺時，弟弟蓋烏斯·格拉古年僅二十一歲，當時他被派遣至西班牙，隔年回羅馬替代哥哥在「三人委員會」中的遺缺，前面曾經提過提伯留斯的農地改革衰敗不振及「三人委員會」一直無法發揮功能的原因。提伯留斯推動農地改革時，雖然有堅定的意志及滿腔熱血，但是不曾表露於外，總是抑制在心中；蓋烏斯則與哥哥完全相反，他毫不保留地表現出自己的熱情，而且隨時做好準備，等待時機來臨。

以後的十年，蓋烏斯·格拉古以羅馬儲備領導者的身份歷經了許多不同的工作。羅馬政府要求領導者必須具備軍隊經驗，因此所謂不同的工作其實就是軍團工作。西元前一二六年至前一二三年之間，蓋烏斯在薩丁尼亞島的軍團中擔任審計官，這段期間有許多關於他的佳話。

冬天軍團缺乏禦寒衣物，軍團向羅馬政府請求支援，得到的回覆卻是：冬天航海過於危險，軍團不應要求從羅馬運送物資，請就地尋求援助。軍團司令官只好求助於當地有力人士，卻遭到婉拒，根本不願意幫忙。先前曾提過，軍團審計官的工作之一是調度軍團所需的物資，因此說服有力人士幫忙的重擔就落在蓋烏斯·格拉古身上。

蓋烏斯說服他們的來龍去脈我們無從得知，總之，他成功了！斷然婉拒軍團司令官的這些人，竟然和顏悅色地答應，自願運送所需物品到軍團，因此全軍團的士兵才得以安然過冬。

另外一次，軍團主食小麥不足，薩丁尼亞島原本就不是小麥產地，因此如果想要從島上調度小麥，就只有徵收島上居民的自家食用小麥了；而軍團不願意如此，但是也不可能遠從羅馬運來。

陷於苦思的蓋烏斯於是派遣使節前往努米底亞 (Numidia) 向斯米迪卡國王求援，國王送來大量的小麥，才使得年輕的審計官再次度過難關，盡到自己應盡的責任。

現任努米底亞國王的父親馬西尼沙與蓋烏斯的外祖父大西比奧兩人在漢尼拔戰爭時是軍中袍澤，也就是因為這層關係，努米底亞王國才成為西比奧家的「後援者」；馬西尼沙甚至在遺囑中指定小西比奧為他的遺囑執行者。基於「家長」與「後援者」的關係，彼此應該相互幫助。

西元前一二四年夏天，蓋烏斯剛滿三十歲就當選為護民官，但是他是以最低票當選；由這點可以看出，當時的羅馬公民尚未體會到國政改革的迫切。蓋烏斯與哥哥一樣，不是將護民官當成是政治生涯的跳板。

那年的十二月十日，他上任的第一天就提出許多法案；這些法案應該不是他當選護民官之後才有的構想，而是長久以來深思熟慮後的結論。

首先，他肯定提伯留斯所提的「農地改革法」。將十年來形同虛設的「農地法」重新交付公民大會表決，為的就是要重新實施「農地改革法」，當然執行機構——「三人委員會」也重新運作。這項法案的目的，在於將農地重新分配給因為失去土地而失業的自耕農，以減少與日漸坐大的富裕階級之間的差距，同時也可以重新奠定羅馬的根基。

但是要穩固國家基礎是需要相當的時日，這點可以從前面具有羅馬公民權的役男人數變化表中得知。因此蓋烏斯不僅草擬了獎勵自耕農辦法，也考慮到福利政策。

「小麥法」就是福利政策之一。每年由國家收購定量的小麥，再以低於市價的價格賤賣給貧民；這種作法並非是限制經濟發展，因為國家收購以外的小麥，依舊可以在自由市場買賣。根據後世研究學者估算，當時國家賤賣的價格約只有市價的一半。所謂的貧民以居住在羅馬為主，戶長每個月可以購買五模底，約是四十五公升。

另外有一些公民雖不致於失業，但是卻因為服役資產下限降為一千五百塞斯泰契斯銅幣，使得他們成為貧富差距擴大之後的代罪羔羊；蓋烏斯認為有必要幫他們卸下重擔，因而提出「軍隊法」。法案中嚴禁十七歲以下的男子服役，無論當時情況多麼危急；此外，原本軍隊中的武器配備、食物費都必須由士兵的軍餉中扣除，「軍隊法」明定從此這些支出皆由國家負擔。

再者，失業者中可能有些人不願意繼續務農，也有許多人開始質疑在大農園時代這些自耕農的未來。蓋烏斯認為僅是獎勵自耕農不足以改善失業問題，因此他又提出「公共事業法」。他期望藉由振興公共事業來救助失業者。後來歐洲、近東、甚至北非等地許多街道的鋪設，以及由首都羅馬為起點，每隔一羅馬哩（約一．五公里）擺製一座大理石圓柱的計畫，也都是在蓋烏斯的「公共事業法」中首次決議的。

蓋烏斯振興公共事業的目的不僅是要救濟失業者，同時他也想利用充實社會資本的方法，帶動整個羅馬經濟；因此他又提出「殖民都市法」。

在此之前，羅馬所建設的殖民都市都是著眼於戰略機能，也就是建設戰時要塞。當然，無論是蓋烏斯的殖民都市或是以軍事為目的的都市，都具有衍生的功能，歐洲現在大多數的都市就是源自於古羅馬的殖民都市，這點就是最佳的證明。在格拉古時代之前的殖民都市，都是羅馬政府派三千名公民前往建設，目的不外乎是戰略上的考量；蓋烏斯則首創以經濟為主要考量的殖民都市。

蓋烏斯計畫的殖民都市都分布在沿岸，在原迦太基土地上建設的「朱諾殖民都市」最能顯現出他的想法。雖然蓋烏斯承襲了哥哥的「自耕農獎勵辦法」，但是他心目中的羅馬社會並非是農業社會，因此被送往建設殖民都市的人，也不再是希望擁有土地的農民，而是與工商業相關的人。蓋烏斯並不是完全放棄攸關羅馬經濟動脈的農業，他只是順應時勢罷了。失業人口增加會造成社會動盪不安，他希望藉由活絡經濟來改善這個問題。

想要實現這個構想，就必須拉攏日漸抬頭的「騎士階級」。

平民貴族、貴族階級或是元老院議員都是因為血源關係而晉身貴族，如果稱之為「血源菁英」，那麼「騎士階級」就是「貨幣菁英」了！因為他們有足夠的財力提供原本貴族獨占的資產。蓋烏斯·格拉古想要提升這些人的社會地位，以拉攏他們支持自己的計畫。

首先，這些「經濟菁英」的資產不得少於四十萬塞斯泰契斯銅幣。羅馬的資產等級共可分為六級，第二階級的資產在三十萬塞斯泰契斯銅幣至一百萬塞斯泰契斯銅幣之間；事實上，這完全是為了與貴族有所區別。在羅馬共和體制中，「騎士」屬於擁有足夠財力的經濟份子。

蓋烏斯打算給予這些經濟領導者享有與政治領導者——元老院議員相同的權利，因此「騎士」開始可以使用劇院的「包廂」，他們的座位就在元老院議員的正後方。

其次，蓋烏斯將原來提伯留斯的初步構想更加具體化之後，再交付表決，其中之一為「陪審員改革法」。

羅馬共和時代的審判制度是由法務官負責搜查以及擔任審判官，原告的辯護人擔任檢察官，被告辯護人專司辯護，最後的判決則是由陪審員決定。格拉古兄弟改革前，陪審員的席次被元老院議員獨占。而在蓋烏斯的改革案中，陪審員完全由「騎士階級」取代。

這個作法除了可以提高「騎士階級」的社會地位之外，更可以藉此達到司法公正。羅馬政府的執政官同時也是元老院議員，任期屆滿之後轉派為屬省總督。屬省總督的蠻橫不講理一直為人所詬病，雖然屬省人民有告發的權利，但是實際上，陪審團最後都會判總督無罪。提伯留斯的構想是，陪審員的席次由元老院議員及「騎士」各占一半，而蓋烏斯則認為應當全數由「騎士」擔任，如此才可以真正消弭司法不公的弊病。

另外，護民官蓋烏斯又修正「屬省法」，使得屬省租稅徵收權以及其他經濟活動都有利於「騎士階級」。由於蓋烏斯提出一連串禮遇「騎士階級」（經濟界）的政策，使原本羅馬社會「士農工商」的階級制度逐漸瓦解。

但是任何改革都必須有充裕的資金做後盾，特別是農地改革。此外，貧民小麥配給、振興公共事業、建設新殖民都市等等都需要資金，如果無法確保財源穩固，改革註定會失敗。

小亞細亞可說是所有屬省中最富足的國家，因此蓋烏斯引用修正後的「屬省法」，重新制定小亞細亞的稅制，稱為「什一稅」，他打算以此為改革的財源。同時他也很清楚，只有這些是不夠的，所以又另外徵收港灣使用費、貨物稅，凡是經由港口進出的貨物皆需課稅。

年輕護民官當然不忘改革選舉方式。羅馬自從西元前一三七年起，就立法規定不再以舉手表決，而改以無記名投票方式，所以投票時無需再理會當權者的威嚇，可以依照自己的意願投下神聖的一票；但是投票的程序依然沒有改變。按照王政時期以來的慣例，由第一階級的貴族先投票，一旦票數超過一半，選舉即告結束；如此一來，中下階層的平民就沒有機會表達自己的意願。蓋烏斯的改革案中，無論在平民大會或是公民大會選舉時，完全不分社會階級，所有的人都可以同時投票。

這項改革獲得羅馬公民熱烈的響應，支持態度也由冷淡轉為全力支持。蓋烏斯也開始四處演說，闡明國政改革的必要性。

提伯留斯演講時大多會站在演講臺上，以冷靜的態度訴之以理；蓋烏斯則完全相反，他總是語氣激昂，走遍整個演講會場，絲毫不見倦態。他深知語氣如果過於激進反而會降低說服力，所以演講時，他會派一個人在會場正後方，當蓋烏斯語調過於高亢時，就以手中的樂器敲出低沉的警示聲提醒他。

蓋烏斯在工作時精力充沛，即使是憎恨他的人也不得不佩服他的工作態度。提出多項法案之後就必須一一付諸表決，年輕護民官的工作堆積如山。蓋烏斯以他超人的組織能力將法案一一付諸實行，迅速確實地處理每一件事情。承包商、建築業者、各國大使、政府官員、軍官、學者等等，從早到晚不停地進出他的辦公室，蓋烏斯總是從容不迫地接待他們，親切且不失應有的風範。他非常尊重每個人的意見，作決定時絕對不草率含糊。他可以說是羅馬難得一見的優秀領導人。

漢尼拔戰爭時，蓋烏斯的外祖父大西比奧與努米底亞國王馬西尼沙結盟，才打敗漢尼拔；蓋烏斯的父親首創先例賦予解放奴隸羅馬公民權，凡是兒子五歲以上、擁有三萬塞斯泰契斯銅幣資產者皆可取得羅馬公民權；蓋烏斯本身也一直與馬西尼沙的兒子維持「後援者」關係，又派遣羅馬公民到舊迦太基建設殖民都市，在他心中完全沒有元老院議員觀念裡的「國界」。

護民官蓋烏斯又提出「公民權改革法」。這項法案使得他與小西比奧等元老院良知派人士正面對決。

羅馬公民權可分為兩類：一為完全公民權，具有投票及控訴權；另一種為不完全公民權，也就是沒有投票及控訴權，前者稱為「羅馬公民權」，後者則稱為「拉丁公民權」。除了這兩種以外，凡是「羅馬聯盟」的加盟都市人民，通稱為「義大利人民」；最後是羅馬屬省人民，他們有義務向羅馬政府納稅。羅馬公民、拉丁公民、義大利人民則不須納稅。

自羅馬建國以來，羅馬人一向不吝於給予他人羅馬公民權，凡是居住於羅馬領土內的人皆有羅馬公民權。長久以來，移民至羅馬的人不在少數，這個現象不曾引起令羅馬當權者傷腦筋的事情，因為擁有羅馬公民權並不是特別有利。例如「羅馬聯盟」軍隊中，由於羅馬是盟主，所以羅馬公民必須盡的義務較其他人多，而且只有羅馬公民必須在薪餉中扣除伙食費；而拉丁公民、義大利人民則完全免費配給；除此之外，所有戰利品都是平均分配。基於以上眾多原因，沒有人會特別想要獲得羅馬公民權。

一直到第二次布尼克戰役後，這個情況有了重大轉變。

首先是戰利品分配不均。隨著羅馬霸權逐漸擴及地中海世界之後，只有羅馬士兵才能分配到戰利品。

原本羅馬公民有向政府繳納直接稅的義務，自西元前一六八年開始，由於屬省稅收增加，羅馬政府廢除了這項規定；但是拉丁公民、義大利人民依然必須納稅，這使得羅馬公民與其他人之間的差距更大。經濟市場隨著羅馬霸權的擴張，一切情況都對擁有羅馬公民權者有利。

羅馬政府並沒有發現移民羅馬的人數增加，而是拉丁公民發現自己居住的城市人口愈來愈少。羅馬政府應這些人的要求立下法案，規定他市移民羅馬的市民不得取得羅馬公民權。西元前二世紀總共發布兩次相同法令。這時大家才意識到羅馬公民權的好處，也正是因為如此，羅馬人不再大方地將自己的權利與他人分享。

蓋烏斯深知如果要確實實施農業改革或是其他改革，就必須解決羅馬公民權與其他公民權之間的差別待遇。但是改革公民權勢必遭到元老院議員與擁有羅馬公民權者的強烈反對，而且公民權改革牽涉到整個羅馬體制，必須階段性實施才能成功。所以第一次提出的改革案並沒有重大改變。

首先，讓原來「拉丁公民」擁有投票權及控訴權，等於是給予他們完全公民權；另外，「義大利人民」則取得原本「拉丁公民」的公民權。

既然拉丁公民可以取得羅馬公民權，那麼按理說升格為「拉丁公民」的義大利人民最後也可以取得羅馬公民權。元老院雖然篤信「羅馬聯盟」是羅馬的防禦盾牌，但是絕不可能毫無意見地接受蓋烏斯的改革案，一般的羅馬公民也不可能接受。

改革案一旦定案後，擁有羅馬公民權的人數大增，都市國家羅馬將會分裂，「羅馬聯盟」也將解體，以元老院為主導的羅馬共和體制將面臨前所未有的挑戰。元老院議員深感危機的到來，無論是良知派或是強硬派都不再分彼此，團結一致對抗蓋烏斯·格拉古。另一方面，蓋烏斯的聲望因此如日中天，「公民權改革法」以外的法案全數通過，同時也通過護民官得以連任；因此西元前一二三年夏天，蓋烏斯再度當選為護民官。

元老院反格拉古運動主要力量集中在破壞公民對護民官的支持，而且非常有技巧地進行；策略方面主要分為兩種，而且元老院絕對不會親自出面，更不會讓公民察覺元老院是為了維護本身利益而有所作為。

所謂策略之一是在對付提伯留斯時用過的手段，這個方法無論任何時代都可奏效。元老院刻意散布謠言，指責蓋烏斯所有的政策都是為了博得大眾支持，而後再集權進行獨裁。現代英國一位政治研究學者曾說：

「無知大眾總是相信在政治上有所作為的人都是為了一己之私。」

我認為不只是無知大眾有這樣的想法而已，羅馬史上最高知識份子、也是我印象中最優秀的人——西塞羅也有同樣的想法。真正的問題不在於知識的有無、文化的差異，更不是因為時代的不同，而是手段與目的之間的模糊分歧。只要有人會將手段當成是目的，這樣的策略就一定會奏效。

元老院的第二個策略是在提伯留斯時代不曾有過的。蓋烏斯獲得公民全力支持，所以他認為對手不可能單靠中傷就可以擊敗他。

所有元老院議員站在同一陣線上攻擊蓋烏斯，蓋烏斯的因應之道是以實際的政績贏得選民的支持。連任成功後，蓋烏斯將所有的心力投注在建設舊迦太基這個殖民都市上。

蓋烏斯全心投入建設出來的舊迦太基殖民都市，無論從任何一方面看來，都可說是羅馬史上最好的城市。

殖民人口突破六千人，而這六千人只是戶長的人數而已，不包括親屬。被選為殖民者不單是失去土地的都市無產階級，還包括商人、技工以及其他各行各業，因為蓋烏斯理想中的殖民都市不是戰時的基地，而是經濟上的「基地」。

此外，以往羅馬政府分配給每一殖民者的土地不超過五十尤格，但是在舊迦太基土地上建設的「朱諾殖民都市」，卻分配給每個人二百尤格（約五十公頃）土地。由此可見蓋烏斯的意圖不只是要獎勵小規模自耕農而已。

迦太基城自從西元前一四六年滅亡後，經過了二十五年，早已成為一片荒蕪、雜草密布的廢城了。剛滅城時，迦太基的農地還是青翠如茵，但是後來一場蝗蟲災害使得這片土地荒廢多時；蓋烏斯就是想要重建這片土地使它恢復往日青翠，適於人居。一旦計畫成功，羅馬的領土會更加擴大。如果有了城鎮，那麼周邊的土地就可以重整，然後可以再多建設幾個城市。北非原本就是一塊肥沃的土地，建設成功之後，經濟利益將無可限量。

蓋烏斯身為這項計畫的籌備人，為了決定殖民初期農地重劃及公共建設地點等等事務，他決定親自前往北非。元老院議員當然不會放過這個大好機會。

利普斯．托魯斯與蓋烏斯同時當選西元前一二二年的護民官，他表面上是反格拉古運動的主導者，但暗中卻是由元老院議員操縱一切。

護民官有權提出政策性法案，因此托魯斯陸續提出許多法案。

蓋烏斯的「農地法」明定凡是接受土地分配的農民，必須依照國有地借地法的規定繳交借地費；而托魯斯的新法案則是完全廢除這個規定，也就是說農民可以免繳這項類似土地稅的「借地費」。

因「農地法」而重新獲得土地的都市無產階級，當然支持這項有利於自己的法案。

蓋烏斯的「農地法」嚴禁將土地轉讓，也就是取消土地讓渡權。但是在托魯斯提出的新法中又承認土地讓渡權，獲得許多好評；因為一些取得土地卻又不願意成為農民的人，可以將土地轉讓給他人，從中獲利。

另外，蓋烏斯的「殖民都市法」計畫要在義大利半島興建兩座殖民都市，加上迦太基一處，總共三座殖民都市。托魯斯提出的第三項法案就是在義大利半島興建十二座殖民都市，限定只有無產階級者才可遷入，不須繳交借地費，政府免費提供土地，而且一切殖民所需的資金也由政府支付。

蓋烏斯的「殖民都市法」中，每一殖民都市得以移入三千人，迦太基得以移入六千人；遷入義大利境內的殖民都市而獲得救濟的失業者總共六千人，但是如果依照托魯斯的法案則可以救濟三萬六千人，六千人與三萬六千人之間還是不一樣。

托魯斯不僅贊成蓋烏斯給予「拉丁公民」羅馬公民權，他還廢除了軍團內因違反軍紀必須被處以亂棒打死的規定。

最後，托魯斯發布聲明說，自己不會擔任新殖民都市建設委員會的委員，這份聲明很明顯地是給委員會會長蓋烏斯當頭棒喝。此舉一出，無論是無知大眾或是有教養的知識份子，都一致認為護民官托魯斯真的是羅馬人民的守護神，是個清廉的人。

激進的法案相繼實施，我們不免懷疑法案實施的後果是否為元老院帶來無窮的後患？這個顧慮其實是多餘的。對人類文明史上最早確立國家法治觀念的羅馬人而言，法律不是一成不變的；一旦法律不適用時就該有所變通，變通的方法並不是修法。

自古以來，修改原有的法律，多少都會引起社會動盪不安；而社會不安則使得人們錯失修法的時機。

所以羅馬人一向不會修改原有的法律，而是重新制定合於現狀的新法，如果新法與原有法律相互矛盾時，那麼舊法自然失效。由於羅馬有著堆積如山的法律，所以最後才能發展成為非成文法國家。

羅馬制定的法律不勝枚舉，因此每項法案都不能單以「農地法」、「屬省法」命名，因為光是農地法就有好幾種版本，所以每項法案都是以提案者的名字命名。例如格拉古的提案就以他所屬的善普羅尼斯一門為名，稱為「善普羅尼斯法」，由朱利斯．凱撒所提的法案就稱為「朱利斯法」；如果一人同時提出多項法案時，就稱為「關於農地的善普羅尼斯法」或「關於屬省的善普羅尼斯法」，以便於區分。

這種命名方式除了可以使立法者揚名於後世，也可以清楚地歸屬責任；官僚主導的行政體系是無法了解這種作法的優點。其實，羅馬的街道也都是以建造者的名字命名，例如阿庇亞(Appia)大道、弗拉米尼亞大道等等，用意大概也是一樣的吧！

我們再把話題轉回西元前一二二年。護民官托魯斯雖然提出許多法案，但是幕後操縱的元老院議員根本沒有實施的打算，他們的目的只是要讓羅馬公民不再支持蓋烏斯，使蓋烏斯無法立足；一旦蓋烏斯失勢，元老院就會重新提出法案，那麼原來托魯斯的法案就自動廢除了。

蓋烏斯完成迦太基的工作回到羅馬後，當然可以感覺到羅馬公民態度的轉變。他刻意從帕拉提諾山丘上的高級住宅區搬到羅馬廣場附近的平民住宅區，此舉多少有一點效果，但是對蓋烏斯三度連任護民官的選舉卻毫無助益。元老院並不因此而善罷干休，因為距離選舉還有五個月，他們擔心蓋烏斯會利用最後的任期扭轉逆勢，因此元老院必須阻撓蓋烏斯的任何動作；這回元老院利用羅馬人迷信的心理來攻擊蓋烏斯。

在建設迦太基殖民都市期間，測量土地用的柱子被強風吹倒、用來祭神的牲禮也被吹散到迦太基以外的地方、標界用的標線也被狼群破壞。

種種不祥的預兆似乎在詛咒迦太基，反蓋烏斯者便開始散布謠言，說這些徵兆都是在詛咒羅馬人。正當羅馬人對蓋烏斯的信心逐漸動搖時，反對派立刻提出廢除迦太基殖民都市的法案；另外，元老院議長歐庇謬斯又當選為西元前一二一年的執政官。

蓋烏斯最後無法順利三度連任護民官，只好於當年的十二月九日卸任，當時他三十二歲。

蓋烏斯的支持者非常焦急慌亂。人一旦陷入絕境，做事手段就會變得激進，而且周遭的支持者會比當事人更加激進。蓋烏斯所到之處，支持者總是戒慎恐懼地追隨著他。

西元前一二一年，攸關迦太基殖民都市存廢與否的投票日當天，投票會場卡匹杜里諾山丘擠滿了贊成與反對的兩派人馬。依照羅馬傳統，舉行公共事務之前必須供奉牲禮祭拜，公民大會當然也不例外。祭拜結束後，使者安帝斯捧著牲禮穿過群眾時，發生了暴動！當他走過支持蓋烏斯的群眾中間時，大喊：「邪惡的公民讓路給良民！」使者當場被殺。據說是被刻蠟的鐵筆刺死。

這個事件使得兩派對峙的情勢更加緊繃。蓋烏斯力勸群眾要忍耐，一旦場面失控反而會給敵人全面攻擊的藉口；另一方面，執政官歐庇謬斯卻煽動公民說：「唯有以暴制暴才能平息一切！」正當局勢一觸即發之際，天空降下大雨，廣場上的集會因而順延至隔天。

隔天清早，天氣晴朗無雲，執政官歐庇謬斯以商討法案為由召集所有元老院議員。昨天慘遭殺害的安帝斯遺體也被送到元老院議事堂前，經過的元老院議員圍著屍體議論紛紛；最後元老院發出了羅馬史無前例的「元老院最終勸告」，意思就是「非常時期宣言」，凡是意圖謀反者，執政官得以不經審判直接處以死刑。元老院非常謹慎地宣讀「元老院最終勸告」，他們宣稱這是為了保護羅馬免受暴徒叛變所採取的非常措施。

就法律上來說，元老院對羅馬政府有提出勸告的權利，但是卻無權發布非常時期宣言；在布尼克戰役時期，由於情勢危急，元老院的勸告就具有實際的效力；但是現在並非戰時，更何況在布尼克戰役時也沒有所謂「最終勸告」的字眼，這宛如「下通牒」般的口吻，使得原本單純的「勸告」成了戒嚴令，不僅凸顯出矛盾，也為日後埋下隱憂。非常時期宣言簡直就是劃分太平與戰亂的一條界線，不只是在古羅馬時代，即使是現在，這條線該如何畫，依然無法獲得圓滿解決。

被元老院指稱為暴徒的格拉古派人士得知這個消息之後，態度變得更加強硬，全部都聚集到富拉庫家門前商討因應對策。富拉庫是支持格拉古的同志之一，他的個性比格拉古更為激進。這時又傳來執政官歐庇謬斯明天即將帶領元老院議員及「騎士」在廣場前聚集，情況似乎無法控制。蓋烏斯也沒有能力制止憤怒的支持群眾前往阿凡提諾山丘，背水一戰。

富拉庫家門前一大群支持者；相對的，蓋烏斯卻獨自守在家中足不出戶，在絕望無助的情形下度過了漫長的一夜。

第二天，執政官帶領克里特(Creta)及希臘的重裝步兵聚集在羅馬廣場；格拉古派的人馬則是在阿凡提諾山丘上集合，阿凡提諾山丘一向都是平民階級的根據地。蓋烏斯腰間僅帶著一把短刀，他對富拉庫強調希望能以和談的方式解決問題；最後達成協議，決定派富拉庫的小兒子前往執政官處進行談判。

尚未成年的少年淚眼汪汪地向執政官及元老院議員求和，在場的人也都希望可以和平解決問題，執政官對少年說：「不需要再派任何人來，只要你們為暴動事件謝罪，並且服從審判，這件事即可了結。和解與否完全取決於你們的態度。」少年回來，一五一十地傳達執政官的話，蓋烏斯決定親自前往求和，卻遭到所有人的反對，於是少年再次前往羅馬廣場談判。這回談判情形如何根本無從得知，因為執政官二話不說，就將少年逮捕入獄；事實上，執政官歐庇謬斯根本沒有和談的意願。

從羅馬廣場到阿凡提諾山丘之間的距離僅有一．五公里，執政官帶領軍隊一步步向前進攻，緊跟其後的是元老院議員帶著自家的武裝奴隸準備前往應戰。

死守在阿凡提諾山丘的格拉古派最後抵擋不住執政官一波波的攻擊，不多久就完全被殲滅了！執政官又下令凡是砍下蓋烏斯、富拉庫人頭者將可獲得與頭顱等重的黃金，一場獵殺人頭的行動於是展開。

躲在好友家中的富拉庫以及兩個兒子沒多久就被發現並且當場被砍下頭顱，送到執政官手中。

沒有人看到蓋烏斯與敵人廝殺的場面，或許是他根本無意捲入這場羅馬人相互殘殺的戰鬥之中吧！蓋烏斯走進阿凡提諾山丘上的黛安娜神殿，打算在此自殺，卻被趕來的兩位友人適時制止，奪走蓋烏斯手中的短刀。

阿凡提諾山丘北邊有一座跨越臺伯河的橋，當他們逃到這裡時，卻被緊追而來的敵人發現，蓋烏斯趁其他兩人與敵人纏鬥時逃脫。蓋烏斯與奴隸越過臺伯河後，沒有人願意提供馬匹幫助他們逃走，因此他們只好躲進臺伯河沿岸的一座小森林裡。隨後追來的敵人在森林中發現兩具屍體；據說是奴隸先殺死主人之後，自刃而死。

執政官將蓋烏斯及富拉庫的頭顱高掛在羅馬廣場的講臺上示眾，屍體則與其他人一樣都被丟進臺伯河中。

西元前一二一年蓋烏斯被殺的情形與西元前一三三年提伯留斯的情形略有不同。執政官的追殺並沒有因為蓋烏斯被殺而終止，此後凡是蓋烏斯的黨羽陸續被逮捕，而且完全不經審判就處以死刑，據說總人數多達三千人。富拉庫的小兒子也在牢中被殺。格拉古派的財產一律沒收，並且禁止寡婦披麻戴孝，如有違反視同叛國。

還有另一點不同之處。

西元前一三三年時，元老院唯恐民眾反彈，以較不顯眼的方式刪除提伯留斯「農地法」中重要的部份，不致於完全廢除法案；但是西元前一二一年時，元老院卻明目張膽地表示一切要恢復原狀。

首先，迦太基的殖民都市計畫化為一張白紙；原本由富拉庫負責在馬賽西南建設的納邦新殖民都市如期在三年後完成。納邦與迦太基的命運之所以會有如此大的差別，原因在於它是屬省西班牙的中繼基地，具有軍事上的利用價值。

由這一點，我們就可以清楚了解元老院完全無法了解蓋烏斯建設新殖民地的真正意圖。格拉古兄弟改革的精髓──「農地法」最後也就一點一滴地消失了！

首先恢復承認國有土地的讓渡權；接著是即使租借土地超過格拉古「農地法」中規定的租借上限，只要繳納借地費就不須歸還土地；此外托魯斯的法案中明定只要是將國有地當作農地耕種者，完全不需要繳交借地費，但是對象僅限於正當租用土地的農民，蓋烏斯死後，元老院又將這個規定擴及不當借用土地者。

如此一來，土地又集中於少數人手中；所謂的獎勵自耕農路線完全付之一炬，一切又回到原點。

話又說回來，元老院不可能完全無視於民意所向。因此格拉古改革中若干受到民眾好評的措施仍然照舊實施，例如都市無產階級的小麥配給、兵役中的費用由國家支付等等；另外由「騎士階級」擔任陪審員制度、提升「騎士」的社會地位等相關法案也繼續實行，因為元老院不可能忽視這群人的經濟力量。格拉古的「公民權改革法」中，給予義大利人民羅馬公民權的計畫，由於既得利益者──羅馬公民的反對，因此元老院毫不考慮地就加以廢除。西元前一二〇年的元老院與漢尼拔時代的元老院想法如出一轍，絲毫沒有改變。歷經百年歲月，他們還是確信：

義大利是地中海世界的支配者。
羅馬是全義大利的主導。

元老院則是羅馬的最高領導者。

這些想法無疑就是鎖國主義！布尼克戰役的勝利反而使羅馬人的思想走進了鎖國主義之中！

後世研究者將格拉古兄弟改革失敗的原因歸咎於時機尚未成熟。十五、十六世紀的義大利政治思想家馬基維利 (Machiavelli) 認為，人類只會注意到眼前的災難，而且沒有武器的預言者最後註定會失敗，格拉古兄弟正是一個最好的例子！

事實上，七十年後凱撒證明了馬基維利的想法——以武器強迫使人民的思想開化。

在此，我必須提出一點我的看法。如果格拉古兄弟不是在護民官職位時進行改革，而是以執政官或財務官的身份進行改革，情況又會是如何呢？

執政官是羅馬體制中最高官職，擔任財務官的人也必須是前任執政官才有資格，因此這個職位無論是在權威與勢力方面絕不遜於執政官。我們可以從格拉古兄弟的祖父、父親的政治生涯印證一個事實：前執政官當選為財務官的當選率為百分之百。格拉古兄弟應該再等十年當選為執政官，或是再多等幾年當選為財務官之後再進行改革，就有可能成功；因為凡是執政官或財務官提出的法案都可輕鬆地獲得元老院同意，有了元老院的支持，法案要在公民大會中表決通過，就是一件輕而易舉的事。

格拉古兄弟改革失敗的因素不只是失去公民的支持，當時元老院知識份子的想法也與他們背道而馳。為什麼元老院內的知識份子不再支持格拉古兄弟呢？

下一章我們會提到，蘇拉(Lucius Cornelius Sulla)的改革法暗中刻意削減護民官的權力，而與蘇拉一樣篤信共和體制的西塞羅也是嚴辭批評格拉古兄弟的所做所為；但是到了羅馬帝國時期，他們卻受到推崇，原因何在？

代表平民階級的護民官權勢與元老院主導的共和體制其實是互為消長的，一旦護民官權力擴大，就表示共和體制趨於瓦解；元老院的知識份子都很擔心這點。在貴族與平民激烈抗爭的時代，羅馬人十分擔心國家分裂，因此羅馬人致力於開放官職給一般平民、允許護民官進入元老院等等，這些作法都是為了避免國家產生兩股相對的勢力。有這樣想法的人，大多都會贊成格拉古兄弟的改革，然而卻無法認同他們改革的方式。假設格拉古等到當選執政官或財務官時再進行改革，充其量也只能說是在羅馬的寡頭共和政體內，進行體制內的改革罷了。

帝國時期之所以會給予兄弟兩人極高的評價，原因在於帝國時期的平民，根本不擔心改革是否會造成共和體制的崩潰，他們是非常佩服格拉古兄弟大公無私的精神。

格拉古兄弟在護民官任期內進行的改革，難道完全沒有意義嗎？

當然不是！西元前二世紀後半，羅馬實在需要根本上的改革，大家都非常清楚這點，只是這項嘗試無法由體制內的元老院親自實行。

研究學者一致認為，羅馬共和的興盛並非一人即可成就的，而是經過眾人嘗試錯誤之後，逐漸建立起國家的營運體系。如果說興盛非一人可以成就，那麼國家混亂也不可能是個人所造成，而是整個國家體制發生問題。我認為格拉古兄弟引導羅馬人開始質疑元老院主導的共和政體，但是由於他們兩人過於年輕而不自覺，所以才會從非元老院體制內的職位——護民官開始進行改革！

提伯留斯實際進行改革的時間只有七個月，蓋烏斯也只有二年而已，而後他們一切的努力又歸於零。但是他們卻帶領羅馬走進一個全新的時代，也就是說他們兩人為羅馬歷史立下了一個新的里程碑。

這點就足以使他們揚名於萬世。因為無論羅馬人如何迂迴曲折地進行改革，最後還是依照當初兩人所立下的路線在進行。

羅馬公民雖然無法真正理解格拉古兄弟改革的真意何在，卻感嘆兩人英年早逝。他們親手在格拉古兄弟的墳前建造兩人的肖像及讚美碑文，每年都會到這裡來祭拜，彷彿是將他們當成自己的祖先一般。

提伯留斯的兒子未成年就夭折，蓋烏斯則無子嗣，也就是說格拉古一門自此不再有香火。元老院並沒有沒收格拉古兄弟母親柯爾妮的財產。兩兄弟去世後，柯爾妮獨自搬到拿坡里灣西邊的別墅隱居，雖說是歸隱，但是她的訪客絡繹不絕，近東、非洲的王公貴族訪問羅馬時，必定會到此探視她，文人學者也會在別墅舉辦沙龍，一切都與格拉古兄弟在世時一樣，絲毫沒有改變。

當大家的話題談到格拉古兄弟時，不曾見到柯爾妮落淚；她雖然不能親自為兒子造墓，但是她說：「羅馬公民已為我的兒子建造了一個安息之地。」其實，後來羅馬公民也打造了柯爾妮的肖像以供瞻仰，雖然現在只剩下一個底座而已；底座上刻著：「大西比奧之女．格拉古兄弟之母柯爾妮」。在女性地位低落的羅馬共和之中，這是難得一見的殊榮！

現在遺留的文物中都沒有兩兄弟的肖像，因為他們分別死於三十歲、三十三歲，如此年輕不可能生前就有肖像；再加上共和羅馬對兩人的「毀譽褒貶」相當懸殊，當然不可能有人將他們當成是英雄人物為他們繪製肖像。二千多年來，羅馬人打造過無數肖像，現在各國美術館中收藏的羅馬肖像以第一位皇帝奧古斯都居多，因此第III冊出現的主要人物肖像，獨缺格拉古兄弟兩人。

有一次，我在卡匹杜里諾美術館看見一個大理石人頭像，大約是西元前後一世紀的作品，我佇足凝視許久，心想這會不會就是提伯留斯．格拉古的肖像呢？

第二章

馬留斯與蘇拉時代

（西元前一二〇年～前七十八年）

〈上〉蓋烏斯．馬留斯（梵帝岡美術館藏）
〈下〉魯奇斯．柯爾涅留斯．蘇拉（慕尼黑古代美術館藏）

出生於優渥環境中的格拉古兄弟，為了替貧窮的老百姓爭取應有的利益而犧牲自己的生命。十年之後，有一名連祖先姓名都不知道的年輕人崛起於羅馬政壇，他的名字是蓋烏斯．馬留斯 (Goius Marius)。

連接羅馬與拿坡里之間有兩條主要幹道，一為海線的阿庇亞大道，一為經由內陸南下的拉提那大道；在拉提那大道中途有一山路通往內陸，馬留斯就是出生於內陸的一個小鎮；這個小鎮的居民一直到西元前一八八年，才成為具有投票權的真正羅馬公民，這是馬留斯出生前三十年前的事。拿破崙也是在科西嘉正式成為法國領土不久後出生，從這個角度看來，馬留斯出生的背景倒與拿破崙有幾分類似。

馬留斯出生於一個充滿野性的地方小鎮，他是在軍隊中開始嶄露頭角，因為軍隊才是真正較量實力的地方。馬留斯的名字與一般羅馬公民不同，因為他的名字只有兩個部份。

通常一個羅馬自由公民的名字可分為三部份。個人名、家門名以及家族名。以提伯留斯．善普羅尼斯．格拉古為例，提伯留斯是個人名、善普羅尼斯是家門名、格拉古則是家族名，也就是姓。普布里斯．柯爾涅留斯．西比奧這個名字就表示西比奧家族、柯爾涅留斯家的普布里斯；魯奇斯．柯爾涅留斯．蘇拉雖同屬於柯爾涅留斯家門，但卻是蘇拉家族的魯奇斯。凱撒的英文名字是朱利斯．凱撒，而他的拉丁全名卻是蓋烏斯．朱利斯．凱撒，我猜凱撒的母親應該是叫他蓋烏斯吧！

有些人除了這三個名字之外，最後面還有一個別號，通常都是別人為他冠上的，藉以表示尊敬。例如扎馬一役中擊敗漢尼拔、結束第二次布尼克戰役的名將西比奧名字後面加上「亞非利加努斯」，是征服非洲者的意思，所以大家都稱他為西比奧．亞非利加努斯；另外，西比奧的哥哥別號為亞奇亞提斯。後來龐培的別號為馬尼斯，為「偉大」的意思，這個別號幾乎成了他的姓，連他自己署名時都寫「龐培．馬尼斯」。

別號之所以廣為使用的原因之一是，很難單從個人名或家門名去區分某個人。很多「後援者」同時使用一個家門名，甚至解放奴隸獲得自由以後依然沿用舊主人的家門名，所以解放奴隸也有三個名字：舊主人的個人名及家門名、奴隸時期的個人名。

另一方面，羅馬男子的個人名非常稀少，充其量只有蓋烏斯、提伯留斯、格涅斯、阿庇斯、魯奇斯、普布里斯、馬魯克斯幾個而已，所以如果有人喊：「蓋烏斯，回家吃飯囉！」可能附近所有名為「蓋烏斯」的小孩都會跑出來。不知道是不是缺乏想像力的羅馬人覺得再去想其他名字太麻煩還是怎樣，從第五個小孩開始，名字就變成了五寶、六寶、七寶……不過，可以想像的是，這樣的名字不久也超越原來的立意，成為一個獨立的名字，所以名為十寶的人並不一定排行第十。

女孩子則沒有個人名，都是將家門名略加變化即成為她們的名字。例如格拉古兄弟的母親出生於柯爾涅留斯家，名為柯爾妮；柯爾妮的母親也就是小西比奧的妻子出生於艾米里斯家，所以名為艾米莉亞；同一家如果有好幾個女孩則名字都一樣，嫁出去之後就再冠上夫姓。

為什麼馬留斯的名字只有兩個部份呢?真正原因至今仍不明;羅馬少數公民會有這種情形。蓋烏斯無疑是個人名,馬留斯則是家族名,所以少的是家門名;馬留斯自己也曾說過他出身於平民家庭,意謂著他是孤立於「後援者關係」之外的平民。如果真是如此,那麼馬留斯完全是靠一己之力、發揮所長才得以留名於青史,成為緊接格拉古兄弟之後的重要人物。馬留斯最先受到矚目是在平定西班牙內亂的努曼提亞戰場。

西班牙發生原住民叛變時,羅馬政府任命殲滅迦太基有功的名將,也是當時羅馬的最高武將小西比奧為努曼提亞戰役的總司令官,派他前往西班牙處理叛變問題。在一次餐會中,有人問小西比奧:「你認為誰將會成為下一個羅馬軍隊的最高武將?」小西比奧拍拍身邊一個年輕人的肩膀說:「大概就是他吧!」他就是蓋烏斯・馬留斯,當時只有二十三歲。二年後,西元前一三三年,他與小西比奧一同凱旋回到羅馬,此後十三年之間,馬留斯並沒有特別的功績,只是隨著軍隊四處征戰罷了!

西元前一一九年,也就是蓋烏斯・格拉古死後第三年,馬留斯當選為護民官。馬留斯被公認為是平民階級的最佳典範,但是他並沒有行使任何護民官的權力,因為他的目的並不是為民服務。當時三十八歲的他,只是將護民官當成是進入元老院的一張通行證。

由於他擔任護民官期間作風保守,毫無建樹,使得他無法順利當選按察官。如果一個人連羅馬的最低官職都無法當選,那麼他將來在政壇的發展就岌岌可危。馬留斯大概有所自覺吧!他一直到四十歲才結婚,女方是凱撒家的女兒,也就是後來朱利斯・凱撒的姑姑。雖然凱撒家從王政時期開始就是名門貴族，但是在經濟或社會上都只能算是二等家族，因此馬留斯與凱撒家的聯姻，對他在元老院中的地位並沒有很大的助益。

後來馬留斯終於在西元前一一五年當選為法務官；隔年又以前法務官的身份前往屬省西班牙擔任總督。馬留斯無論是擔任法務官或總督時，他的表現都與護民官時代一樣，沒有特別值得一提的豐功偉業。

真正使得馬留斯再度活躍的時機是在五年後的「朱古達戰役」。四十八歲的馬留斯擔任總司令官的副將前往非洲討伐。

元老院決定以武力介入努米底亞內政是在西元前一〇九年；但是在此以前，努米底亞問題早已困擾元老院許久。漢尼拔戰役時，努米底亞王國與羅馬站在同一陣線，可以說是親密盟友。西元前一四九年，努米底亞國王馬西尼沙逝世，他的遺囑中指定小西比奧為遺囑執行人，國家由三個兒子繼承，但並非將國土一分為三，而是王位由長子繼承、其他大權則分別握於次子及小兒子手中，國家繼續與羅馬維持同盟關係。

由於努米底亞與羅馬關係良好，迦太基滅亡之後，努米底亞就成為北非的強國之一。

馬西尼沙的孫子朱古達是個年輕有為的青年，努曼提亞戰役時曾經追隨小西比奧征戰。在努曼提亞戰役中，年輕的朱古達王子的表現令人刮目相看，為此總司令官還特地寫了一封感謝函給努米底亞國王。國王考慮到如果與羅馬維持良好關係，努米底亞將可以如虎添翼，因此為了討好羅馬，國王將朱古達收為養子，當時國王的兩個兒子還年幼，因此沒有發生任何問題。

十四年後國王逝世，遺囑中將努米底亞王國均分給兩個兒子及養子朱古達，遺囑執行人為羅馬元老院。

國王死後不到一年，不滿意王權分配的兩個親生兒子與朱古達發生爭執，王位繼承者之間的抗爭最後往往會演變成內亂，三人交手勝負立即見分曉，當然是朱古達戰勝；另外兩人有一人戰死，另一人阿狄魯巴則跑到羅馬尋求支援。

這個棘手的問題使得元老院傷透腦筋，努米底亞算是一個獨立國家，而且羅馬一向不願意干涉同盟國的內政。現在元老院不得不扮演仲裁角色，只好提議將努米底亞國土均分為二，東半部屬朱古達，西半部則由阿狄魯巴管轄。這樣的情況也只維持了五年而已，一向自滿於自己軍事能力的朱古達出兵攻打阿狄魯巴，奪回全部的國土；不僅如此，他還殺害所有在努米底亞經商的義大利人。

消息傳回羅馬之後，羅馬公民憤慨不已，就連一向不願干涉他國內政的元老院也不再坐視不管，西元前一一二年正式向朱古達宣戰！

朱古達事先完全沒有料想到羅馬的態度竟會如此強硬，連忙派遣使節前往羅馬，強調這只是努米底亞的內政問題，至於義大利人遭到殺害完全是意外；但是使節根本連羅馬的城門都進不去。

次年，西元前一一一年，羅馬軍隊抵達北非準備討伐朱古達，朱古達並沒有迎戰，而是命令使節進行和談。朱古達希望羅馬政府能夠承認他是正式的努米底亞國王，並且希望兩國可以繼續維持同盟關係，率軍的執政官貝思提亞心想一切既已成為事實，不如就接受朱古達所提的建議。羅馬所提出的和談條件是朱古達必須親自到羅馬簽訂和約，雙方達成協議之後，執政官就率軍揚長而去。

但是朱古達繼殺害義大利人之後又犯下第二個錯誤！他計畫暗殺滯留在羅馬的一位王公貴族，也就是他的堂兄；最後暗殺成功，並且殺死這個貴族的所有家屬、傭人。羅馬人最忌諱以這種下流的手段殺人，而且就在羅馬境內，因此討伐朱古達的輿論再起，西元前一一〇年，決議再次派兵前往北非。

這次努米底亞的軍隊嚴陣以待，將羅馬軍隊團團包圍。羅馬軍隊被迫談和，最後落得解除所有武裝，十天之內離開努米底亞。

朱古達此舉更加激怒了羅馬公民，羅馬軍從未曾屈服求和，而今卻落魄到棄械，並且被趕離北非，羅馬人怎樣也嚥不下這口氣。

羅馬無論如何都必須與朱古達決一死戰！這次由西元前一〇九年的執政官梅特魯斯(Metellus)親自領軍。梅特魯斯家族本來在元老院就擁有相當的權威及影響力，加上他本人也是一位驍勇善戰的武將。元老院可說是打出手中的最後一張王牌。擔任總司令官梅特魯斯副官的正是當時四十八歲的蓋烏斯·馬留斯。

西元前一〇九年夏天，梅特魯斯率軍由迦太基出發，在努米底亞與朱古達展開第一回合戰爭。

副將馬留斯率領騎兵打敗朱古達的步兵，取得第一回合勝利！朱古達則混雜在四處逃竄的士兵當中僥倖逃走。

但是朱古達仍然握有一些優勢。

第一，他熟知地理環境；第二，由於他曾經追隨羅馬軍隊征戰，所以十分清楚羅馬的作戰策略。基於這兩點優勢，朱古達決定採取游擊戰。

梅特魯斯沒有對朱古達窮追不捨，他開始收買附近各個部落的軍隊及朱古達的士兵，將這些軍隊重新編制為羅馬軍隊，以防朱古達東山再起。梅特魯斯將軍隊一分為二，第一軍由他自己率領，第二軍則是交給馬留斯指揮。

梅特魯斯的策略一舉成功，西元前一〇八年交手時朱古達再嘗敗績，只好逃亡。游擊戰的一大缺點是永遠無法完全殲滅敵人，為了避免長期拖延戰事而使得軍力削弱，梅特魯斯打算對親朱古達的部落進行挑撥，企圖使他們背叛朱古達；但是這個計畫也不是一朝一夕就可以完成，戰爭勢必要拖延一段時間了。

副官馬留斯曾經力勸梅特魯斯改變戰略，但沒有被接受；因此馬留斯決定親自參選執政官，握有權勢之後才能扭轉逆勢。

梅特魯斯基於馬留斯具有軍事領導才能而任命他為副官，但是卻非常鄙視他的出身，當然也對他沒有好感。馬留斯為了參選執政官而提出退役申請，遭到梅特魯斯百般阻撓；不僅如此，還經常在言辭中諷刺他說：「憑你也想當執政官？我看還早得很哩！等你兒子長大以後再說吧！」事實上也是如此，當時羅馬平民頂多只能當選法務官，想要當選執政官卻難如登天。最後在選舉前十二天，梅特魯斯才核准馬留斯的退伍令。馬留斯快馬加鞭地從羅馬軍營趕至尤蒂卡，然後搭船回到羅馬，終於趕上公民大會。

馬留斯在政見發表會上表明自己參選的決心，並且開出幾張政治支票，承諾只要當選為執政官，一定會生擒朱古達，並將他處死，以便早日結束戰爭。西元前一〇八年底，公民大會的氣氛對馬留斯十分有利；五、六年來羅馬軍隊一直處於低迷狀態，往往在戰爭之初即陷入苦戰，毫無勝績可言，羅馬公民對此十分不滿。

執政官加圖迎戰北方外族侵略時慘敗而回；卡魯玻尼斯對抗歐洲南下的蠻族也是屢戰屢敗；朱古達戰役時羅馬軍隊更是棄械和談，才得以保命。負責這些大小戰役的指揮官全都是元老院的執政官，羅馬公民再也無法忍受如此無能的執政官！

因此他們選出馬留斯——一位完全由平民出身的人擔任西元前一〇七年的執政官，而且將他的責任戰區擴及至北非。原本戰區分配是由元老院決定，而今公民大會擅自決定馬留斯的責任戰區，無疑是對元老院提出二度不信任；元老院也只好拱手讓出一切，沒有理由可以反對。

年屆五十的馬留斯首次擔任羅馬的執政官，在此之前的資歷全都是軍事經歷，因此他十分熟稔羅馬軍隊的實力及士兵的現狀，他知道羅馬的軍隊極需要有所改革。

當選之後他開始進行演說。平民出身的馬留斯走上講臺對著無數的羅馬公民說：

「諸位公民：大多數的執政官在競選時總是謙虛地以公僕自居，一旦當選後卻變得傲慢自大；我和他們完全不同，怎麼說呢？因為我認為一個有心為國家奉獻的人，無論是在法務官或是在執政官任內都會竭盡所能。

今天，各位既然推舉我為執政官，我就會完成這項神聖使命。執政官是全國最高行政長官，同時也是羅馬軍隊的最高統帥，一方面要準備應戰，一方面要維持國家財政的健全；他必須帶領士兵征戰沙場，卻也不能忘記士兵也是羅馬公民的一份子。

另外，執政官又得在反對意見中尋求協調，要圓滿達成這些任務是何等困難！

我的身世和先前幾任的執政官完全不同。沒有聲勢顯赫的祖先庇佑、沒有權威的親戚、也沒有眾多的『後援者』支持！

而我呢？唯一能庇佑我的只有自身的能力和真誠的心！但是我確知的一點是，有心做大事的人只需要有一顆真誠的心就足夠了！顯赫的身世、有權有勢的親戚、眾多的後援者等等，對一個有心做大事的人而言，都是無用的裝飾罷了。

我將帶領各位向朱古達挑戰，也許顯赫的貴族會不斷地批評、毀謗我的所做所為，但是他們又有什麼資格批評我呢？

他們對戰爭的了解，完全來自於書本或是別人的經驗之談，而我是親身體驗戰爭；他們所謂的戰略全都是理論，而我的戰略全都是經驗的累積。

我相信人人生而平等，同時我更深信一個願意奉獻自我的人，才是真正高貴的人。走進羅馬領導階層的這條路非常曲折坎坷，一切彷如昨日；但是與其做一個泯滅祖先名諱的人，不如以自己的雙腳走出屬於自己的路，並且流芳萬世。

貴族們以祖先的豐功偉業來彰顯自己，而我是以身上多處傷疤來證明我的能力。我必須告訴各位，我之所以能有今日的地位、名聲，全都是忍受一切苦難與危險得來的。

我不懂得希臘文，也覺得沒有必要懂；對一個真正的男子漢而言，希臘文似乎沒有多大助益。

但是取而代之，我學習其他更有用的事物。例如如何擊潰敵人、如何保衛國家、如何忍人所不能忍、如何才能不挨餓受凍等等。

今天我是以一個羅馬公民的身份告訴諸位我的想法，而非以最高司令官的身份對各位發表高見。

往後我會和各位一同分擔所有的苦難，唯有如此，才能使羅馬強盛起來！

無論行軍也好、戰爭也罷，我都會在各位身邊，我不僅是你們的指揮官，同時也是和各位共患難的戰友。

承蒙諸神庇佑，我確信勝利、名譽、讚美必屬於我們！」

不曾受過高等教育一介平民的演說竟然可以感動所有羅馬公民，出乎所有人的意料之外！這篇演講稿是摘自於歷史學家塞勒斯特 (Gaius Sallustius Crispus) 的《對朱古達之戰》；《對朱古達之戰》中，還記載元老院的議員不斷批評馬留斯的這篇講稿，元老院議員認為這篇講稿雖具說服力，但卻沒有格調。

提伯留斯．格拉古生於西元前一六三年。

馬留斯生於西元前一五七年。

蓋烏斯．格拉古生於西元前一五四年。

這三個人可以說是屬於同一時代，既然是生於相同時代，那麼他們所面臨的羅馬問題應該也是大同小異吧！

當時羅馬是整個地中海世界的霸權，格拉古兄弟出生於羅馬貴族階級，因此他們的見識遼闊，對於所有問題都可以適當的政治角度看待，也可以抽離政治面對問題。

馬留斯雖然屬於平民階級，沒有專業的政治素養及訓練，但是他以豐富的軍隊經驗彌補自己的缺點，因此他可以一針見血地指出羅馬軍隊素質低落的原因。三個人皆有能力一一解決問題，但是他們卻面臨同一個急待解決的問題——失業問題。格拉古兄弟有意識地想要解決此一問題，最後半途而廢；而馬留斯卻是在不自覺的情形下不費吹灰之力實現了自己的想法。

執政官有權重新編制羅馬正規軍隊。我在第II冊《漢尼拔戰記》中提過羅馬正規軍的編制方式，在全國十五個選區中先以抽籤方式選出該年度應該服役的選區，然後再由該選區中具有服役資格的十七歲至四十五歲男子組成軍團，無產階級者得免服兵役；服役視同為納稅。

西元前二四一年，第一次布尼克戰役結束後，免服兵役者的資產下限修訂為一萬二千五百塞斯泰契斯。但是在往後的一百年間，羅馬政府經常因為需要增加兵力而調整資產下限。首先是在第二次布尼克戰役陷入膠著狀態時，調降為六千四百塞斯泰契斯，然後又降為四千五百塞斯泰契斯，最後甚至資產只要在一千五百塞斯泰契斯以上的人皆須服役。也就是說，原本的無產階級都必須被迫上戰場殺敵了。

馬留斯一眼就看出羅馬軍隊素質低落的主因。大多數的無產階級者並不是失業，而是他們的財產只足夠養家活口；而今被迫辭去工作徵召入伍，家中生計自然發生問題。士兵們當然心存不滿，士氣當然低落。

於是執政官馬留斯將原來的徵兵制改為募兵制，如此一來，服役不再是羅馬公民的義務，而是職業；志願服役者多是沒有土地的羅馬公民，馬留斯將原本給付給公民兵的兵役費挪為這些志願兵的薪資。

兵役費的預算與志願兵的薪資預算差不多，因此志願兵的薪資並沒有調高。這些志願兵放棄原來無產階級的小麥配給福利，成為一個擁有正當工作的羅馬公民。

我在前一章說過，失業問題不能單靠社會福利措施來解決，因為失業者並不是失去工作能力，而是迷失了生活的目的。格拉古兄弟嘗試以分配土地、振興公共事業等方式來解決失業問題，卻因為早逝而使得計畫無法持續。馬留斯的方法是將這些失業人口吸收至軍隊，一方面可解決失業問題，一方面又可以增加軍力。

馬留斯的志願兵等於就是職業軍人，而且是社會新的階層，與整個社會連結在一起，他的理由是：

首先，志願兵不再是失業者，軍人成為一種職業，凡是不願意從商、種田的人皆可從軍。其次，羅馬從政者都必須擁有十年以上的軍團經驗，因此古羅馬，尤其是共和時期羅馬的領導者皆非等閒之輩。

所以說馬留斯的改革是觸及羅馬根本的大改革，但是卻沒有遭到元老院強力的反對，順利地實施。原因大致可以歸結如下：

第一，當時羅馬軍隊幾乎屢戰屢敗，羅馬公民十分質疑元老院的領導能力，冀望能有所改變；加上元老院也有所警覺，深知羅馬實在需要改革。

第二，馬留斯的改革案不包含農地改革，因此也沒有遭受到富裕階級的反對。

第三，這項改革使得下層階級市民不需要服役，原本的失業者成為堂堂正正的羅馬公民，深獲各方好評。

第四，格拉古兄弟的改革是在體制外進行；相對的，馬留斯是在體制之內，也就是在執政官任期內進行改革。

元老院對體制內的改革十分放心，因為他們認為體制內的改革不致於動搖羅馬的根本，我想元老院的算盤真的打錯了。馬留斯因為進行改革，使許多公民支持他進而成為他的「後援者」，這些人包括志願軍、下層階級市民；他們甚至組成「平民黨」全力支持馬留斯，並且擁戴馬留斯為黨魁。這些情形都是在格拉古兄弟時代不曾發生過的。

馬留斯的軍政改革充分反映出他的經驗取向，當然改革也不是立即奏效。當初他誓言要早日解決朱古達問題，但是在他當選執政官後，非洲的戰況並不是一下子就有所轉變。

馬留斯並未因此而遭到羅馬公民的批判，因為他的「後援者」有義務要效忠並且支持他。有一點可以確定，由於馬留斯大幅改革軍制，非洲羅馬軍隊的士氣較以前提高許多；無產階級志願兵個個驍勇善戰，逐一攻下朱古達游擊隊的根據地。直到那年秋天，羅馬軍隊幾乎稱霸努米底亞東半部。

但是朱古達一天不消滅，就不能說戰爭結束。偏偏此時馬留斯的執政官任期即將結束，馬留斯為了能夠打贏非洲戰事，在公民大會中要求羅馬公民延長他的指揮權。隔年，西元前一〇六年，公民大會順利通過馬留斯的提案，他得以繼續指揮非洲戰事。其實，馬留斯能夠繼續指揮非洲戰事的一大主因是羅馬士兵的家書，志願兵們總是告訴家人，司令官馬留斯不僅與他們共進晚餐，也與他們一起挖戰壕，在戰場上他比任何人都勇敢；因此這位平民執政官的風評比他實際上的戰績更令人佩服。

雖然馬留斯一一攻下朱古達的根據地，但是想要結束這場戰爭不只是如此而已；最主要的是讓朱古達孤立無援，那麼就一定要切斷朱古達與茅利塔尼亞之間的關係，因此外交手段比軍事力量來得更重要。偏偏馬留斯不善於外交，這時出現了羅馬史上另一個重要人物——魯奇斯．柯爾涅留斯．蘇拉。

當時蘇拉三十二歲，羅馬政府派任他為馬留斯軍隊的審計官。

前一章曾說過，軍團的審計官可說是整個軍團的總務、總經理，專門負責軍隊事務；同時這個職位也被當成是進入羅馬政界的捷徑，審計官通常都是由年輕人擔任。

魯奇斯．柯爾涅留斯．蘇拉出身的柯爾涅留斯家族雖然屬於名門貴族，但是由於家族內一直沒有聲名顯赫的人物出現，所以蘇拉家一貧如洗。蘇拉的母親早逝，但是他卻會說一口流利的希臘文，據說都是鄰居教他的。

蘇拉後來開創了羅馬獨裁者時代，所以流傳至今的肖像多是非常兇惡的表情，給人一種威嚴的印象。事實上，他的個性十分開朗，據說他常常以玩笑似的口吻與部屬聊天，並且親自接見部下，聽聽他們的心聲，因此深獲好評。他對長官則是謹守應有的禮儀，態度毅然不屈，說該說的話；他的身材魁梧，是個面貌姣好的美男子，舉手投足之間散發出一股高尚迷人的氣質；他雖然野心勃勃，但卻從不以卑劣手段害人。

蘇拉到任不久之後，就成為馬留斯軍隊中不可或缺的重要人物。除了一般總務之外，他還率兵攻打朱古達游擊軍，雖然以往他的征戰經驗不多，但是戰績卻可圈可點，戰勝了朱古達與茅利塔尼亞聯軍！另外他也是馬留斯的重要幕僚。

總司令馬留斯自認為不善於外交，因此將羅馬與茅利塔尼亞國王之間的交涉完全委任蘇拉。茅利塔尼亞國王在信函中並未表明和談的意願，只是寫道：

「為了商討茅利塔尼亞與羅馬兩國國民的利益，煩請總司令官派遣親信前來。」

蘇拉與同僚一起前往茅利塔尼亞，對國王誘之以利；但是國王態度仍不明確，第一回合談判最後因為雙方意見相左而告結束。蘇拉並沒有逼迫國王必須和解。不久，朱古達與茅利塔尼亞的聯軍再嘗敗績，國王立刻捎信給馬留斯，希望和談。

這次蘇拉隻身前往，他要求與國王單獨會談，兩人商談甚久，最後蘇拉提出的條件是希望國王能以計誘捕朱古達。隔天，國王立刻送邀請函給朱古達，朱古達依約前來，當場被捕，而且被送到羅馬軍營。

多年來困擾羅馬政府的朱古達問題終於獲得解決，羅馬公民把所有的功勞都記在馬留斯身上。當時馬留斯人尚在非洲，羅馬公民就已經決定由他續任西元前一〇四年的執政官。這時又傳出阿爾卑斯山北麓的蠻族有意南侵的消息。

西元前一〇四年一月，羅馬公民為馬留斯舉辦了盛大的凱旋式。朱古達被帶回羅馬後，在羅馬廣場附近的一座牢房中被殺。努米底亞則與以前一樣和羅馬維持同盟關係，為一個主權獨立的國家。元老院把努米底亞的王位傳給朱古達的乾弟。其實，羅馬從來不曾想要把努米底亞納為羅馬的屬省，因此朱古達似乎太過心急了，也因為他的態度過於強硬而失去了王位及性命。

歷史學家塞勒斯特筆下的《對朱古達之戰》充滿熱情，他將朱古達戰役的歷史價值定位於馬留斯軍事改革成功的證明。此後，羅馬的霸權不僅包括舊迦太基、努米底亞王國，又加上茅利塔尼亞，幾乎遍布整個地中海世界。

此外，朱古達戰役也是羅馬另一位重要人物——蘇拉首次嶄露頭角的舞臺。魯奇斯·柯爾涅留斯·蘇拉雖然屬於名門貴族，但是卻不屬於既有的權力階級。其實，後來凱撒的背景也與他類似，他們都是出現在當時權力與財產中心——元老院邊緣的人物；由於這些「新進者」

的出現，使得羅馬社會由原來的混亂變本加厲成為「革命的世紀」。

人類無法在貧瘠的土地上生存時，必定會往資源豐富的地方移動，這是古今中外不變的法則。古代稱這樣的民族遷移為蠻族入侵，其實就是現代的難民。古羅馬的情況也一樣，只要羅馬存在的一天，就有蠻族入侵的隱憂。

每當羅馬遇到這類問題時，執政者的因應方式往往都牽動著羅馬歷史。西元前三九〇年，羅馬一度被克爾特人（高盧人）占領。就是因為這次的經驗，使得羅馬人一旦遇到外族入侵時，立刻就想以武力解決問題；甚至是在外族尚未侵略之前先發制人，主動制服蠻族。征服之後再以羅馬人的方式同化他們，譬如建設羅馬式的街道、建設殖民都市等等，盡量使外族「羅馬化」（在羅馬人心中「羅馬化」等於是文明化），同時也讓外族能在自己的土地上從事生產、維持生計。

住在北義大利的高盧人就是這樣受到羅馬化的，另外在高盧人曾經居住過的法國南部普羅旺斯一帶也以同樣的方式羅馬化，後來成為羅馬的屬省之一。普羅旺斯一詞在拉丁文中就是「屬省」的意思。

其實，這種羅馬化的作法在現代就好像是帝國主義；現在的人都希望可以人道方式解決此一問題，但是卻遲遲無法實現。

朱古達戰事好不容易在西元前一〇四年結束，羅馬還有許多內政問題急待處理，不可能有精神去思考外族的問題。先前提到馬留斯再度當選為執政官，最主要的原因是北方蠻族侵略，羅馬公民冀望馬留斯能夠再次帶領羅馬度過難關。

事實上，早在八年前，北方蠻族就從現在的丹麥、德國南侵；這段期間，羅馬為了阻止蠻族入侵，曾經五次與蠻族正面交手，但是每次都慘敗而歸。起初，羅馬只是以保護屬省的名義倉促成軍，直到後來飽嘗敗績，高盧人又與蠻族聯合，羅馬才真正感受到危機來臨，於西元前一〇五年正式派兵，但是仍然敗北。

這些戰爭的失利，都證明了當時羅馬軍隊素質低落以及元老院缺乏有才能的領導人物，所以才使得馬留斯有機會展現實力。

馬留斯將羅馬軍制由原來的徵兵制改為志願兵制，並且於西元前一〇七年正式實施；但是由於他忙於應付朱古達戰事，無暇進行大幅改革，在他連任執政官後才有機會進行根本改革。

我將馬留斯改革前、後羅馬軍制的比較表列於下頁。

馬留斯改革的第一點，是指揮官自由支配的軍團數可以伸縮自如。由此可以看出馬留斯意圖將原來防守型改為攻略地中海世界的攻擊型策略。

第二點，取消原來依資產多寡而分的游擊兵、前衛兵、後衛兵制度。軍隊來源是全羅馬的志願服役者，與本身資產多少毫無關係，因此以前的編制方式形同虛設。

第三點，擁有羅馬公民權的志願兵與「羅馬聯盟」各加盟都市的士兵之間已無分別，徹底

馬留斯改革以前（單位：人）

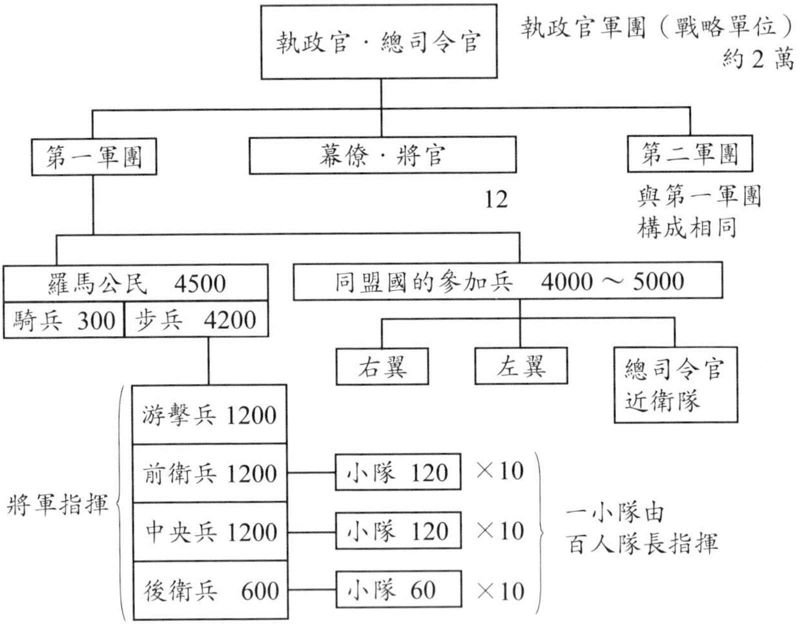

消除有無羅馬公民權所產生的差別待遇。

第四點不同的是，原來的軍官、幕僚是由羅馬公民大會中選出，現在改為由總司令官派任，這點是為了提高羅馬軍隊機能所必要的作法；所以與其說是馬留斯的改革，不如說是時勢所趨。

第五點是，由於改採志願兵制，所以步兵之間的差別自然消失，羅馬軍隊中所有步兵皆配有劍、盾牌；劍是使用由大西比奧引進的雙刃短劍。

第六點，馬留斯取消了游擊兵、後衛兵、前衛兵等不同隊旗，所有的軍隊改用相同銀製的鷹旗。從這個時候開始，鷹似乎就代表羅馬。

第七點，重裝步兵既已改革，

馬留斯改革以後（單位：人）

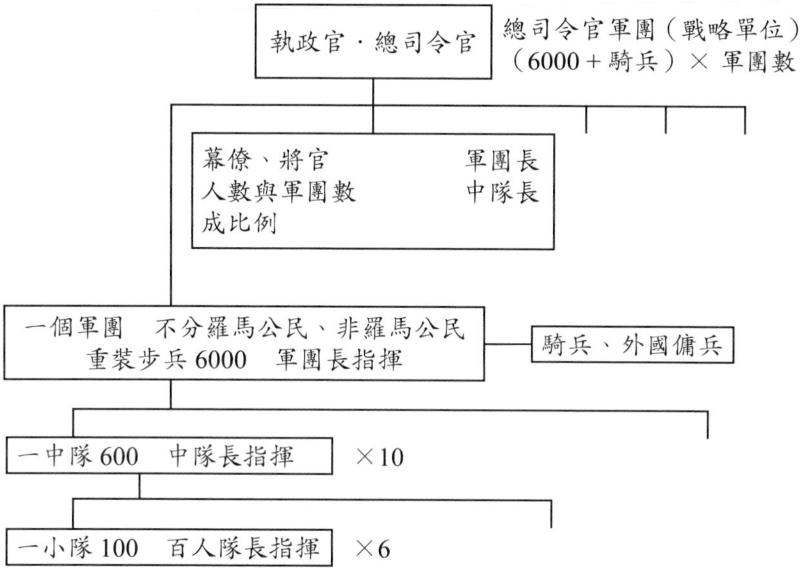

騎兵團當然也有所變動。羅馬軍隊的騎兵不再只由上層階級的子弟兵擔綱，而是由擅長騎馬的努米底亞、西班牙、高盧、希臘的士兵擔任。

最後一點是，從前司令官的貼身護衛是由「羅馬聯盟」同盟都市的士兵中選拔，馬留斯則改為從全軍團中選拔。

以上是馬留斯軍制改革後羅馬軍隊型態；另外還有一些改變並非形式上的改變，我簡述如下：

因為軍制改採志願兵制，所以吸收了許多失業者，這些人成為馬留斯可以長期支配的軍隊。

軍團內完全消弭因為羅馬資產制而產生的階級差別。

羅馬公民與同盟都市市民之間的差別也相對減少。

由於引進將官任命制度與必要軍團數也可以伸縮自如，因此總司令官的職權比以前擴大。將官與一般士兵之間的關係更加緊密。

凡事都會有正、反兩面。大概只有上帝才有能力面面俱到吧！所有的制度剛開始時都具有正面意義，實施一段時間之後，才逐漸顯現出它的缺點，這個時候就需要改革。馬留斯為了提升羅馬軍隊的素質而進行改革，起初羅馬公民都給予極高評價；但是他的改革當然也有缺點，多數歷史學者批評馬留斯將軍隊「私兵化」。正由於馬留斯將軍制做全面改革，才孕育出後來蘇拉、龐培、凱撒等人展露才能的溫床。

馬留斯的改革並沒有遭到元老院的頑強反抗，不僅如此，馬留斯自西元前一〇四年起連任五度執政官。很少人注意到這次軍事改革在政治層面上的意義，甚至有些學者認為馬留斯之所以會有如此傲人的成就，完全是因為時勢所趨，並非是他個人的野心所致。

西元前一〇三年，馬留斯率領軍隊越過阿爾卑斯山脈進入法國南部，當時日耳曼人尚未侵略義大利，只是羅馬有義務要保護霸權下的屬省，而且羅馬也擔心日耳曼人將南法據為己有之後，進而侵入義大利。

但是偏偏這年蠻族一直按兵不動，停留在高盧地方（現在的法國）中西部。總司令馬留斯擔心士兵整天無所事事、士氣低落，因此利用這段等待時間命令他們開鑿運河。

年底時，馬留斯認為短時間內不會有戰事，因此先回羅馬處理政事；羅馬公民又選他為西元前一〇二年的執政官，這是五十四歲的馬留斯第四度當選。

此時，軍營傳來蠻族蠢蠢欲動的消息，馬留斯連夜趕回軍營；西元前一〇三年就在準備應戰中接近尾聲。

再次南侵的日耳曼人軍隊人數多達三十萬人，婦女、小孩則是帶著家畜、所有家當搭乘馬車跟隨在軍隊後方，可說是民族大遷移；這群人正朝向歐洲最肥沃的土地——義大利前進。

由於軍隊過於龐大，日耳曼人兵分三路，進攻義大利；鐵脫尼族沿著南法西側海岸向義大利進攻，金布利族則是越過阿爾卑斯山由北邊進入義大利，提固利尼族由東邊越過阿爾卑斯山朝義大利前進。

羅馬方面由馬留斯負責防守西側，另外一位與馬留斯同時當選為執政官的卡托斯則對抗由北邊入侵的金布利族；至於東邊的提固利尼族，因為必須花一些時間才能順利進入義大利，因此暫時擱置一旁。

首先與羅馬軍隊交鋒的是由西側進攻的鐵脫尼族，馬留斯帶領三萬軍隊在軍營中等待迎戰。鐵脫尼族的士兵多達十萬人，因此馬留斯不打算正面與敵人交手，而是採取拖延戰術。

鐵脫尼族士兵非常鄙視躲在軍營中不敢迎戰的羅馬士兵，根本不願意攻打羅馬軍營。冗長的軍隊行經羅馬軍營前時，紛紛以嘲笑的口吻對著羅馬軍隊說：「當我們抵達羅馬時，會向你們的家人報平安！」羅馬士兵受到激怒，幾乎忍不住要衝出去與他們一決死戰。這時，馬留斯安撫軍隊說：「我們必須沉得住氣，展現新生軍隊實力的時機就快到了！」

蠻族冗長的隊伍漸漸消失於平原，此時馬留斯下令全軍出動攻擊，否則軍隊最後的軍心必然渙散。馬留斯深知羅馬軍隊在人數上的劣勢，因此早已計畫好從敵軍背後突襲。

在這場由馬賽往北打了二十公里遠的「阿魁塞克斯提戰爭」中，羅馬贏得壓倒性勝利；十萬名鐵脫尼族軍隊有的陣亡，有的則成為俘虜。同盟國馬賽及屬省南法自此脫離了日耳曼人的威脅。

但是執政官卡托斯領導的另一陣線戰事尚未結束，蘇拉也是其中的幕僚之一。卡托斯帶領的二萬羅馬軍隊看到金布利族的十萬大軍個個身材高大魁梧，嚇得幾乎落荒而逃，這時卡托斯展現出執政官的機智與風範。

他先帶領近衛隊策馬快速地衝到落荒而逃的軍隊最前端，此一舉動使得原本慌亂的逃竄變成戰略上的撤退，各個將領也立刻整編自己的軍隊追隨在卡托斯背後，最後羅馬軍隊才得以平安無事地退守至波河南岸。蠻族雖然有意進攻義大利這塊沃土，但是見到羅馬軍隊的氣勢也就不敢輕舉妄動，因此不敢再往南邊侵略。

可是另外三分之一的蠻族軍隊已經進入義大利境內。馬留斯回到羅馬之後理應舉行凱旋式，但是他意識到必須趁勝追擊才可一舉逼退敵人，因此自願延緩慶祝，立即又率軍北上。馬留斯的軍隊在波河南岸與卡托斯會合，準備與敵人展開大戰。當時羅馬公民大會又選馬留斯為西元前一〇一年的執政官，因此這次的戰事可說是由執政官馬留斯與前執政官卡托斯聯合領軍。羅馬的軍隊只有五萬人，而敵軍高盧人的軍隊人數遠超過十萬人。

西元前一〇一年春天，馬留斯與卡托斯不再等待敵人南下，主動越過波河到北岸的維魯契里，以接近敵人；維魯契里位於托利諾與米蘭中間的平原地帶，一百七十年前羅馬騎兵就曾經在此與漢尼拔對決，是否因為巧合？即使時代不同，戰爭仍是在同一地點。

金布利族司令得知羅馬軍隊主動北上，立刻派遣使節前往羅馬軍營，希望雙方可以約定戰鬥的時間及地點，這是金布利族人的習慣。馬留斯對使節說：

「羅馬人從不聽敵人的任何要求，但是這次給金布利族人特權！三天之後在維魯契里！」

馬留斯戰勝日耳曼人的紀念硬幣
（1.8 公分 × 1.5 公分）

馬留斯手下有三萬二千名士兵，卡托斯有二萬零三百名，整個羅馬軍隊只不過是五萬二千三百名士兵而已，與金布利人對決還是獲得大勝，主因在於馬留斯改革後的羅馬軍隊可以像棋盤上的棋子一樣自由移動，所以馬留斯可以有效地運用軍力。另一方面，金布利人雖然軍隊人數多達十萬人，但是完全像一盤散沙，毫無戰術可言。

不願意投降的金布利人包括婦女小孩在內，總共有十二萬人自殺，六萬人被捕為俘虜。馬留斯與卡托斯大勝回到羅馬之後舉行了空前的凱旋式。

自此義大利也脫離了蠻族南侵的威脅！

一個五十六歲的男人在精神、體力各方面應該還很健壯，事業應該是如日中天，但是馬留斯卻從這個時候開始走下坡。

馬留斯在人生的巔峰時期進行羅馬軍制改革，他將原本的徵兵制改為志願兵制，使下層公民不需要為了服兵役放棄原來的工作，失業的羅馬公民再次得到工作；羅馬軍隊由於他的改革重新恢復應有的機能，新生的羅馬軍隊兩度打敗蠻族就是馬留斯改革成功最有力的證明！

成功擊敗日耳曼人之後，馬留斯的聲望如日中天，公民大會毫不考慮地選他為西元前一〇〇年度的執政官，這是羅馬建國以來的「新進者」所不曾有過的榮耀與地位！

但是自西元前一〇〇年開始，馬留斯的地位卻急轉直下，一路跌到谷底。德國歷史學家毛姆森 (Theodor Mommsen) 對馬留斯作出如下的評價：

「馬留斯的致命傷在於缺乏政治素養！」

毛姆森後來的這段評語非常值得玩味。

「馬留斯缺乏輕蔑『常識』的能力，他甚至害怕施行不正及反常識的舉動。」

蓋烏斯・馬留斯無論是在組織能力上或是戰略運用上都稱得上是高人一等，雖然出身於平民階級，個性卻非常正直、率真。他把所有戰利品都均分給部下，從不中飽私囊，他完全不會接受其他國家的收買，嚴守軍規並且公正地執行軍規。此外，他也很重視與士兵之間的溝通；與敵人對峙時有著超乎常人的勇氣，總是能把握戰鬥時機先發制人。

他不曾學過希臘文，但是這點稱不上是缺陷。希臘文象徵羅馬的高等教育，大多數武將會因為自己不曾學過希臘文而感到自卑，馬留斯卻絲毫不受影響，他認為唯有自負才不會陷入自卑苦惱的「地獄」之中，過度自卑會影響自己對一切狀況的判斷能力。

凱旋回國後的馬留斯開始要面對羅馬政治上的種種問題，其中最嚴重的問題是因為他改革成功之後才產生的。

他首先施行志願兵制，因此羅馬軍隊中七成以上的士兵都屬於職業軍人，這些軍人隨著馬留斯東征西討，足跡遍布非洲、南法、北義大利，所向皆捷。但是回到羅馬之後，他們卻成為無業遊民！

羅馬共和沒有設置常備軍，服兵役是羅馬公民應盡的義務。每當有戰事時，羅馬才開始編制軍隊；一旦戰事平息之後，軍隊即告解散，因此馬留斯旗下的軍隊當然也免不了被解散的命運。

原來的公民解散後可以回家務農，但是對這些志願兵而言，解散無異就是宣告失業；羅馬政府有義務要給予這些士兵「退職金」，並且在他們找到新工作之前發放「失業津貼」。其實，馬留斯會再度當選西元前一〇〇年的執政官，是因為羅馬公民感謝他擊敗日耳曼人，而且也希望他有能力處理戰後志願兵的問題。

馬留斯本身想解決此一問題的心願比任何人都要迫切，他能擁有現在的地位完全都是這些士兵奮勇殺敵而得來的。由於自己出身平民階級，沒有祖先的庇佑，也沒有所謂的「後援者」支持，所以這些士兵可說就是他的「後援者」，因此他深切體認到，自己有義務要替這些勞苦功高的士兵找到安身立命之處。

志願兵是採契約制，因此羅馬政府沒有義務要替退役的士兵擔憂工作問題，馬留斯心中的「義務」完全是出自於「人情」，而不是法律上的規定「義務」。羅馬人心中一直存在著義理人情的觀念。

或許有人會說羅馬人創造出法制的概念，卻又如此重視義理人情，這中間豈不是相互矛盾？但是我卻認為這之間的矛盾並不存在。因為一個執法嚴格的國家，人與人之間就愈容易產生摩擦，而義理人情則是預防摩擦的最佳潤滑劑。就是因為羅馬人創造出「法」的概念，所以他們也深切了解到潤滑劑的重要性。

馬留斯、蘇拉、龐培、凱撒等人都非常重視義理人情。近現代的研究學者幾乎都以「私兵化」來詮釋他們與士兵之間的關係，這或許是因為這些研究者不能體會義理人情在羅馬人際關係中的重要性。不！應該是說研究者從來不曾去研究這之間的關係！

馬留斯的想法在羅馬社會中是十分合理的，但是他卻不知道如何將自己心中的想法付諸實現，這時護民官薩圖紐斯就成為馬留斯的幕僚了！

魯奇斯．阿布雷司．薩圖紐斯是格拉古兄弟的崇拜者，通常崇拜者的作法較創始者來得激進，護民官薩圖紐斯打算利用羅馬公民對馬留斯的支持進行自己的改革。

首先，護民官成功地修改「小麥配給法」。蓋烏斯．格拉古時期，每一模底為六．三塞斯泰契斯，現在則降為每一模底為五塞斯泰契斯，如此一來小麥形同免費配給。馬留斯十分贊成這項修改案，因為他認為這是給予部下的「失業補助」。

其次，護民官又提出在義大利半島以外之地建設新殖民都市，新殖民都市的地點除了蓋烏斯．格拉古實行未果的舊迦太基之外，還包括北非等地。法案中明定每一士兵可獲得一百尤格（約二十五公頃）的土地，對馬留斯而言這就是給予部屬的「退休金」。

護民官所提的法案遭到元老院強力反對，理由是財源不足。事實上，薩圖紐斯的法案與蓋烏斯最大的不同之處，在於他沒有考慮到如何才能確保財源。

薩圖紐斯深信馬留斯及羅馬公民一定會支持他的法案，因此完全不理會元老院的反對；不僅如此，他還召集馬留斯的退役軍隊參加公民大會，使元老院反對的法案能夠獲得多數表決通過；羅馬法律中早已明定，凡是公民大會通過的法案，元老院必須承認，並且在五天內宣告實施，拒絕宣誓者即喪失元老院議員席位。

元老院當然不可能就此屈服。公民大會、元老院與執政官是共和羅馬的三大支柱；一旦公民大會與元老院之間發生對立時，執政官就有義務要扮演仲裁的角色。當年的執政官為馬留斯，偏偏他不擅於居中協調。

本身也是元老院議員之一的馬留斯並沒有處理兩者之間的糾紛，反而率先響應護民官要求的「宣誓」，其他議員只好心不甘情不願地跟著宣誓；唯一拒絕宣誓的是朱古達戰役時的總司令官馬鐵魯斯，身為貴族的他不僅離開元老院，甚至以自主流亡的名義離開羅馬。這次的事件使原本敬重馬留斯的元老院議員漸漸與馬留斯保持距離。

另一方面，薩圖紐斯沉醉於打敗元老院的喜悅當中，他贏得了多數羅馬公民的支持，因而計畫再次競選西元前九十九年的護民官；但是卻有個強力的敵手，薩圖紐斯暗殺了這個對手，這正是元老院議員期待已久的大好時機。

元老院認為不能再坐視國家陷入無政府狀態，因此決議發布「元老院最終勸告」；一旦表決通過之後，行政最高長官執政官就必須負責使國家恢復原來的秩序。居於弱勢的護民官召集所有羅馬公民聚集在卡匹杜里諾山丘，打算壯大自己的聲勢。兩邊相持不下，使得馬留斯陷入前所未有的窘境。

馬留斯的態度與先前一樣，依照元老院的命令行事，帶領鎮暴隊討伐薩圖紐斯。事件結束後，馬留斯並沒有將薩圖紐斯以及他的黨羽處死，也沒有把他們監禁於牢獄中，而是軟禁在羅馬大道旁的一棟建築物內。痛恨薩圖紐斯的人經常向建築物內投擲石塊、瓦礫，甚至殺死所有遭軟禁的人。在這樣混亂的情況下，馬留斯也沒有採取任何行動制止這些違法行為。

這次事件之後，羅馬公民對馬留斯徹底失望；雖然馬留斯特意舉家遷移至市中心以便接受市民陳情，但是卻門可羅雀。一年以前，只要他一出家門，立刻受到公民英雄式的歡迎，而今卻落到如此下場，這使馬留斯打消繼續參選西元前九十九年執政官的念頭。

元老院提案接回亡命的馬鐵魯斯獲得多數議員的贊成，此舉彷彿是譏笑馬留斯的窘態。馬留斯不願與馬鐵魯斯照面，因此以造訪希臘為由離開羅馬。

同年，在馬留斯妻子尤莉亞的娘家中出生一名男嬰。一向批判馬留斯缺乏政治素養的歷史學家毛姆森卻激賞這名男嬰是「羅馬唯一的天才」，這個男孩名為蓋烏斯．朱利斯．凱撒。

此後，羅馬表面上平靜地過了八年。

這八年間沒有外敵入侵，羅馬屬省也都相繼平安無事，蠻族也因為先前馬留斯強力反擊，不敢再有南侵的念頭。馬留斯的生活有如隱居。自從薩圖紐斯被殺之後，護民官的勢力一蹶不振，能幹的蘇拉在這幾年間也沒有特殊的豐功偉業，所以說羅馬平穩地過了八年。

但是暗地裡卻是波濤洶湧，很多事都有了極大的變動。

本來羅馬的社會基礎因為獎勵自耕農的政策實施而逐漸穩固，但是卻因為「農地改革法」受到重挫而影響到整個社會。失去農地的都市無產階級問題也一直沒有圓滿解決。護民官薩圖紐斯被殺後，他所極力促成的法案——免費給予貧民小麥配給制度，並沒有遭到廢除，這完全是因為元老院期望以社會福利制度來解決失業問題所引起的社會不安。

解決失業問題的另一方案——建設新殖民都市計畫，最後也宣告廢除；原本可以吸收大量失業人口的軍隊也因為沒有戰事而無法編制，所以說羅馬人此刻享有的和平是一種假象，因為所有的問題尚未浮現。當然有些人已經事先注意到這個情況！

太平的日子一直持續到第九年，也就是西元前九十一年。三十九歲的馬庫斯．利普斯．托魯斯當選護民官，他一上任之後就再次提出三十年前蓋烏斯．格拉古所提的法案，也就是給予「羅馬聯盟」的同盟都市市民正式羅馬公民權。當年，蓋烏斯打算以漸進方式先給予拉丁公民羅馬公民權（具投票權的公民權）、給予義大利人拉丁公民權（不具投票權的公民權）；而今托魯斯的作法是一視同仁，給予所有自由民正式羅馬公民權。

新護民官是眾所公認既年輕又有才幹的新生代，他的表現毫不遜於元老院內任何一人；雖然他尚未成為元老院議員，但是可以預知他將來必定是國家領導階級。正因為他機智過人，才事先看到羅馬和平假象下的問題所在。

實際上，自蓋烏斯．格拉古以來，同盟都市公民權的問題一直都是羅馬國政改革中的毒瘤；這個問題一天不解決，農地改革、經濟結構的改變、軍事改革等問題也無法徹底解決。

由於時勢所趨，羅馬人開始稱呼加盟「羅馬聯盟」的同盟都市市民為義大利人或同盟者；但是到了布尼克戰役之後，義大利人與羅馬公民之間的關係開始有了變化。

第一，自從布尼克戰役結束之後，羅馬就沒有發生重大戰爭，馬留斯對抗日耳曼人算是僅有的例子；原本以防衛義大利為目的的「羅馬聯盟」就失去了存在的意義。但是「羅馬聯盟」並沒有解散，因此按理說同盟市民仍然有義務參加戰爭。

第二，同盟市民有參戰義務，但是所有的戰事都只是為了擴大羅馬的霸權而已。再者，自從馬留斯改革之後，羅馬公民不需要再繳交「戰時國債」，也沒有服兵役的義務。但是同盟都市市民仍然需要服役，也必須繳稅。

馬留斯改革後的軍隊中，羅馬公民志願兵與同盟市民義務兵的待遇相同，同在一個中隊戰鬥、同在一個小隊進行偵察。布尼克戰役時，羅馬公民所組成的軍隊是整個軍團的主力，既是主力，犧牲當然比其他人大。

百年之後，雙方的犧牲雖然一樣，但是在其他方面卻變得不平等了。服役是同盟市民的義務，卻是羅馬公民的職業；因為羅馬政府為了貫徹「不干涉內政」的原則，所以志願兵制只適用於羅馬公民。另外，隨著羅馬霸權的擴張，經濟市場也相對地擴大，羅馬公民所得到的利益自不在話下。

我們再來看看下面這個假設。

西元前一四六年迦太基滅亡時，被俘虜賣為奴隸的迦太基人中，有個十歲的少年；當時俘虜的人中包括女孩子總共多達五萬人，其中有個十歲男孩不足為奇。

這個少年很幸運地被賣到元老院議員家中，而且和議員的兒子一起受教育，從喜好教育他國小孩這點看來，古代羅馬人和早期的英國人倒有些類似。

少年精通拉丁文及希臘文，長大成人後，主人派這位年輕的奴隸和希臘商人做生意，因為羅馬法律中明訂元老院議員不得從「商」，因此很多元老院議員就利用解放奴隸或奴隸的名義從事商業活動。

迦太基出身的奴隸對元老院議員而言是非常重要的，主人以還他自由之身予以回報，即使主人不願還他們自由，這些奴隸也可以用自己賺來的錢贖身。無論哪種方式，最後這些奴隸的身份就變為解放奴隸，連姓名都是羅馬式的，原主人的個人名、家門名、迦太基時期的家族名，只能從姓氏去判斷這些解放奴隸與羅馬人之間的差別。

一旦成為解放奴隸之後，他們可說是得到了羅馬公民權，因為格拉古兄弟的父親早在迦太基滅亡前二十年就已經立法規定，凡是擁有三萬塞斯泰契斯的資產及五歲以上小孩的解放奴隸即可取得羅馬公民權。

這麼說來，現在六十五歲的迦太基奴隸已是一個完全的羅馬公民；但是，當年一起參與迦太基攻防戰的同盟市民兒子，現在仍然只是羅馬同盟都市的市民而已，他們得忍受種種非羅馬公民的不利。

這些同盟都市市民當然會感到不公平；三十年前格拉古兄弟提倡羅馬公民權時，他們並不自覺羅馬公民權的重要性，而現在這些人深深感受到沒有羅馬公民權的種種不利之處。

羅馬是整個「羅馬聯盟」的盟主，義大利人要求的不僅是平等待遇，而且是在同樣擁有羅馬公民權之下的平等；如果羅馬執政者無法體認到這層意義，義大利人的願望就無法實現。數百年來，每當提起這個問題時，總會爆發護民官被殺等重大事件，使羅馬陷入一片混亂之中。義大利人非常清楚這個問題的嚴重性，並且知道一旦提出公民權問題，就會遭到羅馬既得利益者強烈的反對。

不公平日積月累下來，使得義大利人急欲解決公民權問題的心願有如排山倒海般，他們甚至想動員一萬人到元老院議事堂前示威抗議，托魯斯適時予以阻止，並且允諾會出面解決此一問題。

護民官提出的法案在公民大會付諸表決時，情況一片混亂；因為反對派的態度十分強硬，數度以怒吼打斷護民官的演說。西元前九十一年的執政官菲利普也對托魯斯的法案提出反對動議，托魯斯有權在表決之前對執政官的動議提出否決，但他不是一個有膽識的人，不敢如此與元老院派人士正面對決，最後只好由支持群眾護送回家。誰也沒有料想到，護送他的人群中竟有一人是反對人士派來暗殺他的間諜。

走到家門口時，托魯斯突然一聲慘叫應聲倒地，在他屍體旁留有一把短刀。托魯斯臨終最後一句話說：「羅馬人何時才能善待像我一樣願意做大事的人呢？」

其實這個世界上永遠存在著一個事實：既得利益者往往就是頑強的守舊派。

對義大利人而言，護民官托魯斯的死就像是飲盡沙漠中最後一滴水，他們意識到再也不可能以正當的手段來完成自己的願望，因此各個部族開始緊密連繫準備有所行動。羅馬人尤其是元老院議員以為殺死托魯斯之後，就阻斷了義大利人爭取羅馬公民權的後路，根本沒有注意到義大利人已經開始有所行動了。

西元前九十一年底爆發了歷史上著名的「同盟者戰爭」，義大利半島上各個部族的叛變行動有如火舌般蔓延，中部、南部的部落同時蜂湧而起。這些部落都是「羅馬聯盟」中的同盟國，二百五十多年來彼此以「同盟者」相稱的部族現在反而揭竿而起，反對他們的盟主——羅馬。

當初決議反叛的總共有八個部族，沿著亞德里亞海有比千都族、威斯提諾族、馬爾基諾族；內陸則有巴耶利諾族、馬農西族，再往南有富連塔諾族，以及山地部族薩謨奈族和南義大利的希魯庇諾族。

盧比孔河以南都屬於「羅馬聯盟」的領域，整個地區只有北邊的伊特魯里亞人及溫布里亞族尚未加入戰事，南邊的普利亞地方及坎帕尼亞地方也在戰爭第二年加入。

羅馬在各戰略要地所建設的殖民都市市民當然是支持羅馬，而「拉丁公民」由於已經取得拉丁公民權，相較於正式的羅馬公民，只缺少投票權而已，所以他們似乎沒有理由與義大利人一起參戰。

除此之外，羅馬領土以南坎帕尼亞地方的希臘裔居民也支持羅馬，這些人雖然和義大利人民一樣沒有羅馬公民權，但是由於坎帕尼亞地方土地肥沃，再加上有擅長於工商業的希臘人長住於此，整個生活環境與羅馬公民一樣，而且羅馬政府也曾保證這個地方的人民有絕對自治權，所以這些人也沒有理由反對羅馬。

綜觀西元前九十一年爆發的「同盟者戰爭」中，參與的部族多是「羅馬聯盟」中較貧窮的部族。這次的戰爭為羅馬帶來了無窮的後患！

一百三十年前，「羅馬聯盟」粉碎了漢尼拔的夢，而今「羅馬聯盟」卻面臨分崩離析的命運。當漢尼拔讓羅馬飽嘗敗績之際，「羅馬聯盟」適時伸出援手協助羅馬擊退漢尼拔，而今卻憤而拂袖而去。因此「同盟者戰爭」發生的意義不僅是政治上的問題，更影響到軍事。

叛軍從東北、東邊、東南三方向羅馬進攻。北邊的溫布里亞族及伊特魯里亞人雖然沒有加

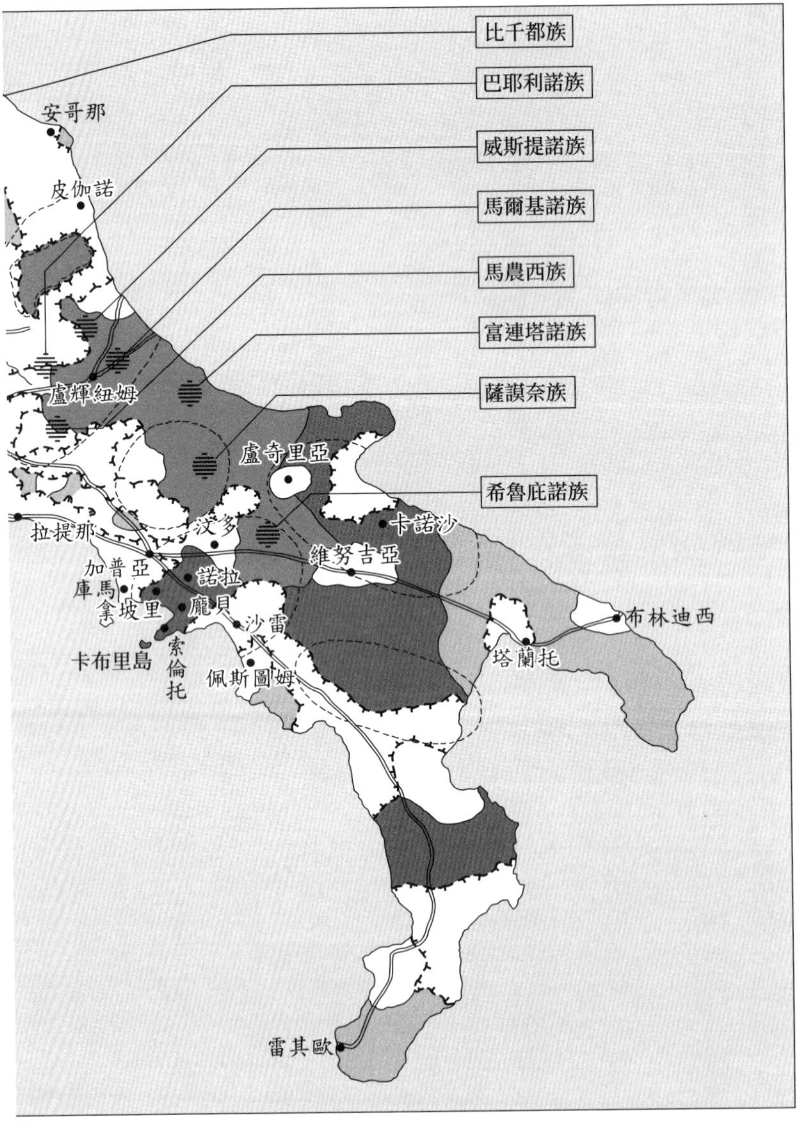
比千都族
巴耶利諾族
威斯提諾族
馬爾基諾族
馬農西族
富連塔諾族
薩謨奈族
希魯庇諾族
安哥那
皮伽諾
盧輝紐姆
盧奇里亞
拉提那
汶多
卡諾沙
維努吉亞
加普亞
諾拉
庫馬
拿坡里
龐貝
沙雷
布林迪西
塔蘭托
卡布里島
索倫托
佩斯圖姆
雷其歐

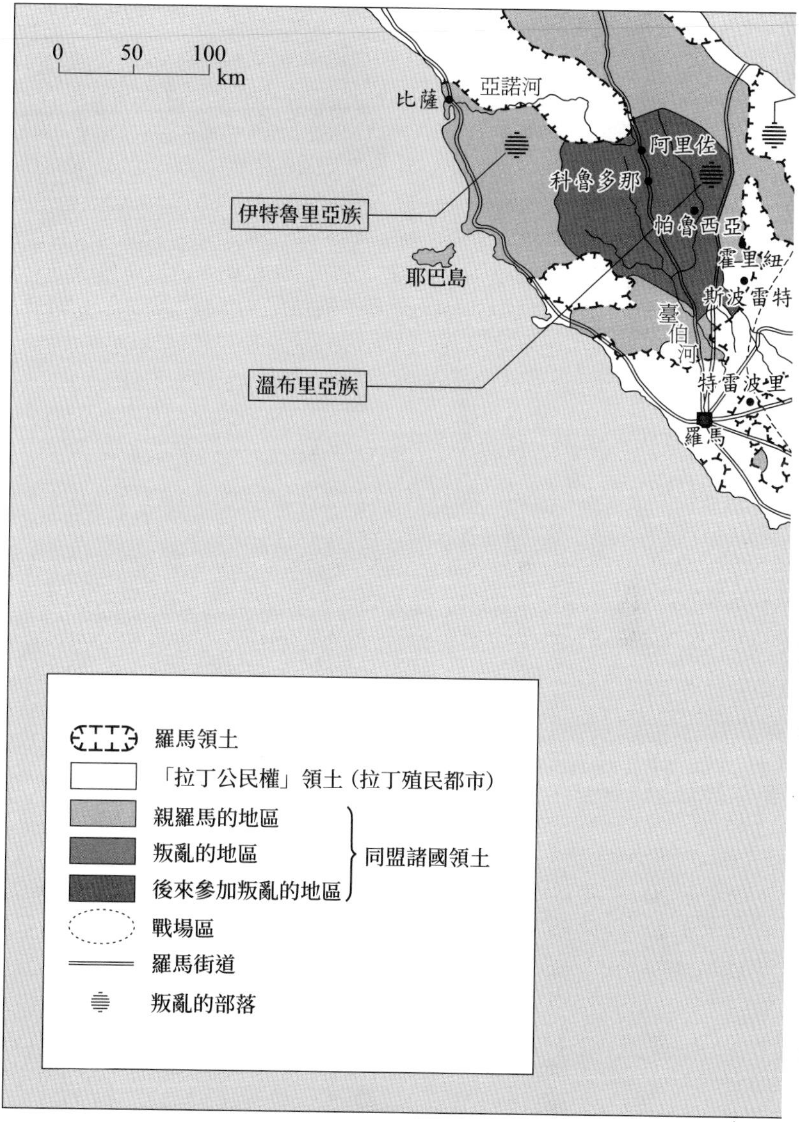

「同盟者戰爭」當時的義大利中南部

〈左〉象徵義大利的女神；〈中〉象徵羅馬的狼與象徵義大利的公牛；
〈右〉八部族的代表舉劍為盟（各為直徑 2 公分的銀幣）

入戰事，卻暗中給予同盟國羅馬軍隊的相關情報，甚至封鎖西南邊的海岸線。叛軍如果利用羅馬先前鋪設的街道進攻，不到一個月時間即可抵達首都羅馬。

後來反羅馬的八大部族決定成立新國家，國名為義大利。新國家首都位於哥爾佛尼姆。公民大會中選出五百位有力人士組成元老院，每年選出兩位執政官；另外再選出十二位法務官，這些人擁有絕對自主權，分別負責軍事與政治等事務。官方語言為拉丁文，同時也可以使用其他方言。為了慶祝義大利建國，特別設計了八人戰士舉劍為盟的紀念硬幣。

「同盟者戰爭」就好像是結婚多年的太太向丈夫提出離婚協議，不同的是，提出離婚協議的一方要求羅馬承認義大利人擁有羅馬公民權。

首都哥爾佛尼姆與羅馬相距不到一百二十公里，兩個都市間還有街道相通；這條街道是羅馬人在西元前四世紀左右鋪設的。

從任何一方面看來，羅馬在這場戰役中都居於劣勢。羅馬軍隊扣掉同盟都市的士兵之後，軍隊人數幾乎只剩下一半；再來就是很多將官、幕僚都決定與自己的家人同進退，因而退出羅馬軍隊，也就是說昔日的袍澤即將在戰場上相互廝殺。這些義大利將官、士兵、幕僚都十分熟稔羅馬軍隊的戰術，而羅馬軍隊現在面臨的問題是要與自己信任的軍中弟兄交戰。

羅馬人非常了解這突如其來狀況的嚴重性，他們也深知所有的目標都集中在首都羅馬。由於羅馬與各個殖民都市之間都有街道相連，因此要阻止同盟軍攻陷羅馬就得保住這些殖民都市。

西元前九〇年初羅馬也完成了迎戰準備。

首先以坎帕尼亞地方為界，將戰線分為南北兩路。當年的執政官普布里斯・魯提斯・盧波為北部戰線的總指揮官；魯奇斯・朱利斯・凱撒則為南部戰線的總指揮官。魯奇斯・朱利斯・凱撒就是凱撒的伯父。此外，又在可能與敵軍發生激戰之地各設五位軍團長。總指揮官必須帶兵到戰事告急之地支援，可視為是游擊兵。羅馬的總司令官一向不是坐陣於總司令部發號施令，而是帶兵四處征戰。

軍團長也是羅馬軍隊的王牌。在執政官盧波指揮的北部戰線中，六十七歲的馬留斯再次上陣，龐培的父親也在戰場最前線。執政官凱撒所帶領的南部戰線中，則有四十八歲的蘇拉及後來與龐培、凱撒並稱三頭政治的二十四歲克拉蘇（Crassus）。

義大利方面的策略與羅馬雷同。北邊總指揮為馬農西族的昆提斯・波貝提斯・西羅；南部戰線則是薩謨奈族的蓋烏斯．巴比魯斯．姆提魯斯，兩位指揮官下一樣設有五位軍團長。

羅馬及義大利的軍隊總數各有五萬人，但是羅馬政府仍然認為兵力不足，因此向高盧、努米底亞要求派兵支援。

戰爭的第二年，也就是西元前九〇年，前半年是由義大利方面占優勢，後半年卻是羅馬領先，古代歷史學家認為這場戰爭是「知道彼此輕重」雙方之間的戰鬥。各地激戰不斷，羅馬北部戰線的總指揮官盧波陣亡，南部戰線也有兩位軍團長犧牲；義大利方面的傷亡更為慘重。羅馬無力將陣亡士兵遺體運回羅馬，只好就地埋葬。

在這次戰爭中，蘇拉可說是最活躍的一人。義大利軍隊沒有人敢採用快攻，蘇拉則是一反常態，速戰速決的戰略最後果然奏效。另外馬留斯的帶兵方式也不同以往，變得十分保守、消極；但是由於先前打敗高盧人的聲名遠播，義大利士兵只要一聽到馬留斯的名字就聞風色變。因此馬留斯在這次戰役中，雖然沒有決定性的勝利，但是也不曾敗陣。

西元前九〇年冬天雙方決定休兵，執政官魯奇斯．朱利斯．凱撒必須回羅馬召開公民大會並報告戰況；不僅如此，他還提出一項新法案，就是「朱利斯公民權法」。這項法案的內容完全回應義大利方面在「同盟者戰爭」之前所提的要求。

其實這項法案也是義大利軍隊提出的休兵條件，法案順利地在公民大會中通過，絲毫沒有反對的聲音，提案人也沒有遭到毒手。

這次，羅馬人為了補救政治上的缺失，決定不再以軍事解決問題，因為戰爭只會勞民傷財；因此他們選擇以政治手段解決，這一切當然得歸功於「義大利人」。

法案通過之後效果立刻顯現，原本未表態支持羅馬的溫布里亞族及伊特魯里亞人立刻明確表示支持羅馬，義大利國首都也開放給羅馬軍隊進出，此舉使得首都的定義模糊。「朱利斯公民權法」通過之後，戰爭的目的不復存在，義大利軍隊的士氣也變得低落。南方的戰事則一直持續到西元前八十九年中葉，主因在於北邊的指揮官馬農西族族長轉戰南方。此外，一些因戰爭所產生的怨恨仍未消弭，指揮官只要稍加煽動，士兵便會憤而不顧地繼續戰爭；有些山地部落依然頑強抵抗羅馬，所以「同盟者戰爭」一直延續到西元前八十九年底，才正式告終。羅馬的將領也是直到西元前八十九年，才全數回到羅馬。無論如何，「同盟者戰爭」在短短不到二年的時間就結束了，這個結果完全出乎近東地區國家的意料之外。

「朱利斯公民權法」因「同盟者戰爭」而生，卻也順利地結束了這場戰事。這項法案使得貴族與平民皆擁有相同的機會擔任公職，可以與西元前三六七年成立的「李錫尼法」相提並論，這是一項劃時代的法案，同時也使羅馬國家的方針有了一百八十度的大轉變。

「羅馬聯盟」在漢尼拔戰爭時創立，維持了二百多年，至此終告解體。拿坡里的希臘裔居民、托斯卡那地方多數的伊特魯里亞人等等全都化身為羅馬公民，「義大利人」就此成為歷史名詞。一直要到一千九百五十年後，近代國家義大利成立，我們才再次聽到「義大利人」這個名詞。

西元前九〇年的解體方式並非一百三十年前漢尼拔所期待的形式。這次「羅馬聯盟」的解體屬於積極性解體，因為「羅馬聯盟」的解體，使羅馬超越了原來都市國家的型態。

雅典是最典型的都市國家，居住在都市中的公民為整個國家運作的主體；公民自治為國家的最高指導原則，具有公民權者才可以參與自治。無論是民政時期、王政時期或是共和時期，羅馬的最高決策機構都是公民大會；原因不在於政治體制的不同，而是因為雅典與羅馬皆屬於都市國家。

但是這種「主權在民」的作法，缺陷在於愈是尊重民意，國家就會愈封閉。因為公民的主權必須平等，為了達到真正的平等，只好封閉國家以排除異己。

民主政治時期的雅典公民必須是雙親皆為雅典公民。哲學家亞里斯多德雖然長年居住於雅典，創辦了發揚雅典文化的學校，也無法取得雅典公民權。這使我不得不想到反對外國人移民日本的鎖國主義論者，他們無疑是頑固的守舊派！因為他們只相信國家的構成份子必須擁有相同的權利。

如果遵奉這一點為金科玉律，無可避免地需要排除異己。羅馬社會階級區分非常清楚，有名門貴族階級、平民貴族、騎士階級、平民、無產階級、解放奴隸等等。各個階層之間過於僵化，而社會問題往往就是肇因於階級之間缺乏有效的溝通管道。

雅典人心目中的「同類」，是指出生在同一塊土地上、血源相同的人。

而羅馬人心目中的「同類」，則是指擁有羅馬公民權者。無論是解放奴隸或是迦太基人，一旦取得羅馬公民權的人，就會被羅馬人視為同類。

羅馬人非常謹慎地將公民權授予非羅馬市民。我在第I冊中已經說過，當初羅馬公民權並不具有任何特別待遇，因此「羅馬聯盟」的加盟都市市民不會特別強烈地想取得羅馬公民權，所以羅馬在建國之初總是可以寬容地接受異己份子。羅馬成為地中海世界的霸權國之後，實在不可能再如此寬容地接受他國的市民。

紀念「同盟者戰爭」結束的銀幣
圖中羅馬人與義大利人握手言和

「同盟者戰爭」結束之後，只要反叛部族的族長向羅馬投誠，一切既往不究。加盟都市國家的根據地從此成為羅馬的地方自治體，也就是說，各個民族可以保有自己的文化。後世一位研究者說：

「羅馬給後世最大的經驗是，羅馬統治下的各個部族不僅可以保有各自獨特的文化，也可以維持全體一統的普遍性。」

由於「朱利斯公民權法」的成立，「羅馬聯盟」積極地解體，套用漢尼拔的話來形容：「肉體結構發展完成之後，適於此肉體的內臟緊接著孕育而生。」「羅馬聯盟」的解體，使都市國家羅馬轉變為世界國家羅馬。由這個角度來看，「同盟者戰爭」中犧牲者的血沒白流！

羅馬國與自己國土周邊的國家、屬省締結同盟是天經地義的事，而這些同盟國又可分為兩類。

其一如努米底亞王國，與羅馬維持「家長」與「後援者」關係；有些雖然不是國家，如雅典、斯巴達等屬於羅馬傘下的自治都市，也可歸於此類。這一類的同盟國可以說是屬國，但是沒有向羅馬繳納屬省稅的義務，當羅馬有戰事時，它們則有義務出兵幫助羅馬。

第二類的同盟國會與羅馬維持普通的同盟關係，如敘利亞的塞流卡斯王朝；這類的同盟國大多未曾與羅馬交戰。在西元前一三三年，羅馬開始進入「混亂時期」，這類的同盟國包括小亞細亞的俾斯尼亞、潘特斯、卡帕杜西亞，還有控制東方世界的亞美尼亞和埃及。這些國家多採用王政體制，而且全都是亞洲式的專制國家。

這其中值得一提的是，米斯里達茲六世 (Mithridates VI) 於西元前一一五年繼承潘特斯王國的王位。本來早在七年前，他就應該要繼承王位，但是由於當時他母親篡位，他被放逐至小亞細亞；直到西元前一一五年，才成功地奪回王位。為了奪回王位，他可以說是用盡手段，是個無血無淚的男人；但是卻可堪稱是位英明的君王。在雕有他肖像的紀念硬幣上，他一頭亂髮隨風吹拂，或許是刻意模仿亞歷山大吧！再仔細看看他的臉，也是個英俊挺拔的美男子。這個男人見到羅馬陷入混亂，打算利用這個難得機會建立屬於自己的帝國。

這位英明君主暗中籌劃侵略戰爭，潘特斯王國原本是希臘的殖民都市，首都設在黑海沿岸的西諾培，主要經濟基礎為礦產，而非農業或商業；由於是專制國家，所以國家所得一律歸於國王。國王米斯里達茲六世從來不會把金銀財寶放在首都，而是在自己領土內各地要塞築城，同時也挖掘藏寶的地窖，以分散風險。在近東地區只要財源充足就可以實行傭兵制，米斯里達茲六世一面進行要塞建設，一面訓練這些傭兵，等待時機來臨。

西元前九十二年，時機終於成熟，這一年米斯里達茲六世四十二歲。

那一年，鄰國俾斯尼亞國王逝世，引發了王位爭奪戰，米斯里達茲六世巧施手段，成功地讓自己的心腹取得王位；另外又施計讓自己的兒子當上鄰國卡帕杜西亞的國王。這兩國的王儲非常憤恨米斯里達茲六世的作為，為了奪回自己的國家，於是向羅馬求援。

羅馬雖為地中海世界的霸權，但是自己國內的混亂都已經應接不暇，實在沒有能力幫助這兩個國家；再加上這兩國皆為獨立國家並非羅馬屬省，因此元老院建議組成視察團前往了解狀況，再加以仲裁，而不願派兵前往。幸好最後仲裁成功，米斯里達茲六世甘願讓出王位，兩國王儲順利取回王位之後，事情暫且告一段落。

潘特斯國王米斯里達茲六世
（大英博物館藏）

但是不出一年的時間，羅馬爆發了「同盟者戰爭」。米斯里達茲六世預測戰事將會持續好一陣子，而且羅馬會把所有精神放在戰爭上，無暇再管東方的事務，因此他急欲利用這個大好時機，一圓自己多年來的夢想。

不久，米斯里達茲六世公然地舉兵西征，三十萬大軍蹂躪俾斯尼亞，又占領西邊的舊婆高蒙地區。這裡為羅馬的屬省，羅馬當然不能再坐視不管，因此急欲結束「同盟者戰爭」。出乎米斯里達茲六世意料之外，「同盟者戰爭」在二年之內結束。接下來，羅馬要應付的是東方發生的危機，敵人一樣是三十萬大軍，羅馬一點也不畏懼；因為這與先前高盧人越過阿爾卑斯山侵略義大利的情形雷同，羅馬有把握可以獲勝。

「同盟者戰爭」在西元前八十九年冬天結束，蘇拉回到羅馬。隔年他獲選為西元前八十八年的執政官，而且如願地當上近東戰爭的總司令官。蘇拉可說是「同盟者戰爭」勝利的關鍵人物，他當上執政官之後，立刻準備近東戰爭軍隊的編制，從坎帕尼亞地方的諾拉開始募集志願兵。

但是，當時六十九歲的馬留斯也有征服近東地區的野心，與其說是他想征戰，不如說是他不願意讓蘇拉專美於前。兩個人開始爭奪帶兵的權力，再加上護民官也加入其中，問題變得更加複雜。

西元前八十八年的護民官普布里斯為了使自己提出的法案能夠順利通過，便與馬留斯聯手；馬留斯負責策動自己的「後援者」支持護民官的法案，普布里斯則率領平民大會支持馬留斯遠征東方。

羅馬共和國以羅馬四個選區為首，總共有三十五個選區。在選舉制度方面，除了以資產區別選票之外，每一選區再細分為百人隊，所以百人隊的選票統計出來的結果，獲得多數票者則成為該選區的民意所向，就是一票。我認為這種選舉方式就是所謂的小選舉區制，而這種選舉制度正是元老院派與民眾派意見相持不下之處。

原本羅馬公民與實施「朱利斯公民權法」之後的「新公民」人數比為一比二，如果將這些「新公民」平均分配至每個選區中，那麼原來以「舊公民」居多的羅馬選區中，「舊公民」卻成了少數。換句話說，如果繼續按照舊有的選舉制度進行投票，那麼「新公民」將成為主導羅馬國政動向的主要關鍵。

具有危機意識的「舊公民」當然不能坐視，因此他們決定保護「純羅馬公民」的權益，他們引出前例——取得羅馬公民權的解放奴隸只能在三十五個選區中的四個選區投票，提出兩項新法案，一為要求「新公民」也只能在三十五個選區中的八個選區投票，或者新設九個選區，讓「新公民」在這九個選區中投票，二者擇一實施。其實他們的意圖非常明顯，主要是想壓制「新公民」表達意見的權利。

護民官普布里斯率先對兩項法案提出反對意見，而且提出另一新法案「普布里斯法」，「新公民」可以自由地在三十五個選區中的任一選區投票。從社會公平面來看，護民官的想法較為正確，只要是羅馬公民都應該有平等投票權。但是有一件事情不得不正視，羅馬確實發生過「同盟者戰爭」，是否應該如此激進地給予所有同盟國市民完全的羅馬公民權呢？我想還是採用階段性實施較為妥當。

總之，最後「普布里斯法」通過，同時平民大會也通過馬留斯為征東總司令官的決議。但是事情也不如想像中進行順利。首都羅馬的舊公民與反對「舊公民」派之間起了衝突，並且發生流血事件，出席集會的兩位執政官也捲入事件中。但是蘇拉怎樣也無法忍受因為選舉制度的改變，而使得自己失去總司令官的職位。

蘇拉離開羅馬回到諾拉的軍隊中，召集所有的士兵說明在羅馬發生的事情，並且揚言一定要替自己討回公道、要靠自己的能力風光地回羅馬。大多數士兵在「同盟者戰爭」二年期間，隨著蘇拉南征北討，在歷史學家眼中，這些士兵可以說是蘇拉的個人軍隊。當主人有難時，屬下當然義不容辭地伸出援手，所以這些士兵皆允諾要替蘇拉討回公道；不僅如此，羅馬執政官盧富司也離開羅馬前來投靠蘇拉。

從維蘇威火山北麓的諾拉到羅馬必須經過加普亞，經由拉提那大道才可進入羅馬，大約只需幾天的時間。身在羅馬的馬留斯與普布里斯萬萬也沒有料想到，蘇拉真的會揮軍攻打自己的國家。

羅馬在完全沒有備戰的情形下，不到幾個小時的時間就完全被蘇拉控制，馬留斯幸運地逃到維脫里亞地方，護民官則是當場被捕，並且處以死刑。蘇拉下令將護民官的頭顱高掛在羅馬廣場的演講臺上，以昭告天下。這次的軍事政變就在完全沒有羅馬公民參與下，成功地奪回羅馬；西元前八十八年的這次軍事政變，同時也是羅馬史上首次羅馬人以武力鎮壓首都羅馬。

蘇拉占據羅馬之後，召集所有羅馬公民，向公民們解釋這次軍事政變的來龍去脈。

接下來，執政官蘇拉所提的法案一一地通過，沒有遭到任何反對。他的法案包括公民大會、平民大會中通過的法案如果沒有得到元老院的同意則不能付諸實行。西元前二八七年成立的「霍田西法案」中規定，凡是公民大會或是平民大會中通過的決議就可直接實施，蘇拉正式改革了二百年來的慣例。當然，維持「舊公民」與「新公民」平等權利的「普布里斯法」自動廢除無效。

然後，蘇拉又立法通過馬留斯、普布里斯等「平民派」為叛國賊，凡是幫助他們的人皆視為同黨。此後，老馬留斯所到之處都受到民眾的唾棄。

其實，蘇拉的報復行動也僅到此而已，因為隔年，西元前八十七年的執政官由歐大維及辛拿當選。歐大維是著名的法學專家，當初蘇拉並沒有特別注意到他的存在；而蘇拉雖然注意到年方四十的辛拿，但是由於此時傳來小亞細亞政局不安的消息，所以蘇拉也無暇顧慮太多。

潘特斯國王米斯里達茲六世認為，即使「同盟者戰爭」很快落幕，但是羅馬方面在短時間之內應該無暇顧及近東地區，所以他開始揮軍占領小亞細亞西岸的羅馬屬省，並且殺死這些地方的所有羅馬人，據說人數多達八萬人。

接著潘特斯王又打著「希臘人必須從羅馬的統治中解脫出來」的旗號，企圖拉攏希臘人支持自己。潘特斯王了解到要凸顯希臘民族解放者的議題，就必須要拉攏雅典。這並不是因為當時的雅典無論在軍事上、經濟上都不可以等閒視之；而是雅典具有精神上的象徵意義，即使雅典淪落為第三等國家，它仍是希臘的象徵。雅典市民與米斯里達茲六世會面後，再加上醉心於米斯里達茲六世思想的一位哲學家的煽動，雅典市民決定開始抵制羅馬。此後，整個希臘領土就瀰漫著一股反羅馬的氣氛。

蘇拉發動羅馬首次的軍事叛變之後，他決定先平定近東地區的亂事，所以他請下任執政官辛拿到卡匹杜里諾山丘上的神殿內，要求執政官發誓遵守蘇拉提出的法案。

強行以武力叛變的蘇拉卻反過來要求別人立誓不得違法，說起來有些不公平。蘇拉卻認為，羅馬想要恢復原有的秩序，就必須有些必要的破壞行動。雖然蘇拉有些思想違反常理，但是基本上，他可算是一個思想保守的人。

那一年年底，蘇拉帶領五個軍團以及騎兵共三萬五千人由布林迪西出發，經由海路抵達希臘。蘇拉這次的行動，完全出乎米斯里達茲六世的意料之外。

正當蘇拉舉兵平定近東亂事之際，執政官辛拿違背了誓言。何以向來不被視為馬留斯、普布里斯黨羽的辛拿會改變態度，沒有人知道，或許是他一直是他們的隱性支持者吧？西元前八十七年，執政官辛拿召開公民大會，成立法案通過回復原本被視為國賊的馬留斯及其他人的名聲；接著又翻案重新承認「普布里斯法案」，使「新公民」可以在羅馬三十五個選區的任一選區投票。

但是另一位執政官歐大維卻行使否決權反對，羅馬因此又引發了一次武力衝突。辛拿戰敗逃離羅馬。馬留斯得知後，立刻帶著六千名士兵從非洲趕回羅馬幫助辛拿；這回換成是馬留斯及辛拿以武力奪回羅馬了。但是在這次軍事叛變中，卻也犧牲了許多不相干人的性命，因為馬留斯無法忘記自己被迫逃亡的怨恨；也就是說，這次的武力叛亂就是馬留斯洩憤的一戰，七十歲老將馬留斯的復仇戰爭結果非常慘烈。

尚在任期內的執政官歐大維拒絕逃亡，當場死在元老院的執政官席上。辛拿逃離羅馬後才剛接任執政官的梅拉姆，則是血管被割斷，流血至死。西元前一〇二年與馬留斯共同出任執政官、共同擊退日耳曼人、坐在四匹白馬凱旋戰車一起接受褒揚的卡托斯，因為被關在密閉的大牢中，最後窒息。西元前九〇年的執政官、「同盟者戰爭」第二年的總司令官、同時也是「朱利斯公民權法」提案人的魯奇斯．朱利斯．凱撒，並不因為是馬留斯妻子的親戚而倖免；他的胞弟，在「同盟者戰爭」中與馬留斯同樣擔任軍團長的蓋烏斯．朱利斯．凱撒，一樣慘遭殺害。蘇拉的妻子流亡到希臘。而後來「三巨頭政治」中的兩人——克拉蘇及龐培的父親也是在這一年雙雙被殺，當時只有十九歲的龐培由於尚未嶄露頭角而逃過一劫，二十七歲的克拉蘇則是被流放至西班牙。馬留斯將當時被殺的人頭擺滿了羅馬廣場的講臺。

據說，老馬留斯總共殺了元老院議員五十多人、「騎士階級」(經濟界)多達一千人；他能在短短五天五夜之內殺死這麼多人，完全是奴隸兵的傑作。馬留斯以恢復奴隸自由為餌，煽動奴隸替他殺人，但是等到馬留斯完成復仇之後，這些奴隸也全部被殺。

我們反觀這些慘遭馬留斯毒手的人，並非全部都是蘇拉派的人；他們之所以被殺，是因為當蘇拉提案將馬留斯視為國賊時，這些人沒有提出反對意見。這場殺戮，其結果是元老院的人才全遭殺害。整個過程中辛拿雖然沒有動手，但也沒有阻止馬留斯。

老馬留斯一解心中的怨懟之後，羅馬就恢復了往日的和平景象。公民大會再次選出馬留斯與辛拿為西元前八十六年的執政官，這是馬留斯第七度當選執政官，對他而言可說是無上光榮；但是他卻在任期的第十三天，西元前八十六年一月十三日那天去世，享年七十歲。

馬留斯去世後，執政官的遺缺由辛拿事先安排好的富拉克斯候補；如此一來，羅馬的政治成了辛拿一人主導的獨裁政治了。

首先，辛拿恢復「普布里斯法」中「新公民」可以在任一選區投票；如此一來，加盟舊「羅馬聯盟」的所有義大利人就與「舊公民」擁有完全相同的權利。「新公民」當然十分感謝辛拿的恩德，他們回報辛拿的方式就是投票給他，使得辛拿一直都是羅馬的執政官。所以羅馬政治在體制上雖然還維持執政官選舉制度，但是實質上卻是辛拿的獨裁政治。

辛拿領導的「平民派」完全取代馬留斯的地位，而且他還不忘幫助因為還債而陷入苦境的下層公民。為此辛拿提出另一法案，決定債權人必須放棄債務的四分之三，利息照舊，也就是說，債權人只能要回本金的四分之一而已。

辛拿這樣的作法完全背離經濟理論。債務一下子減少四分之三的公民當然十分支持辛拿的作法，但是金融業者——「騎士階級」卻從此不再支持辛拿了！

辛拿擁有了「新公民」及下層公民的支持後，成功地卸除蘇拉的總司令官職務，並且沒收蘇拉所有的財產，將他放逐他國。

辛拿十分了解羅馬現在的情勢。遭到放逐國外的蘇拉所帶領的軍隊並不是羅馬的正規軍隊；另外，慫恿希臘抵制羅馬的米斯里達茲六世一事也不能不解決，這些都危害到羅馬國家安全。因此辛拿派遣另一執政官富拉克斯率領羅馬「正規軍」遠征，討伐米斯里達茲六世。富拉克斯軍隊由布林迪西出發，不經希臘直接由小亞細亞登陸。

西元前八十七年離開義大利來到希臘的蘇拉，雖然身在國外，卻十分在意羅馬所發生的一切。雖然當時資訊不發達，但是蘇拉了解到收集情報的重要性，因此他對羅馬的情勢瞭若指掌。

蘇拉與潘特斯王一樣了解到要壓制希臘就必須清楚雅典的動向，因此他抵達希臘之後的第一要務，就是著手進行雅典攻略戰。當他知道羅馬方面已經派兵前來希臘時，他完全不動聲色，彷彿一切平靜無事。

蘇拉非常清楚不可能有救兵幫助自己，更不奢望有人會提供物資，一切都只能就地取材。

最令他感到頭痛的是缺乏海軍；如果無法取得八公里外的外港皮留斯就不可能成功地攻陷雅典，而能否攻下皮留斯的關鍵就在於海軍的裝備了！米斯里達茲六世手中握有愛琴海的制海權，如果無法取得皮留斯，那麼遠征米斯里達茲六世根據地小亞細亞也是凶多吉少。

蘇拉抵達希臘第一年就派幕僚盧加拉斯(Lucius Licinius Lucullus)負責編制海軍，盧加拉斯的任務是到羅馬的同盟國羅德斯島、塞浦路斯島和埃及訪問，請求這些國家派遣海軍支援。陸軍方面就只好善用蘇拉手下的軍隊了！結果總共有五個軍團，步兵三萬及騎兵五千名。

至於軍用物資方面，蘇拉看上希臘著名神殿中供奉的寶物。在這些神殿中，收藏許多信徒奉獻的珍貴寶物，金銀貨幣也不在少數，因此蘇拉派人前往各個神殿沒收這些財物。

所有信徒奉獻的寶物都應該屬於神的物品，希臘的神是希臘文化的代表之一，因此普魯塔克就曾經感嘆地說：

「能夠像大西比奧一樣尊重希臘文化的人早已經不存在了。」

蘇拉並非一言不發地掠奪財物，他事先寫信給各個神祇官，言明事後一定會如數奉還，因此請神祇官們要仔細地清點財物。

負責執行沒收任務的是希臘人，當這些人走進神殿時，他們聽到神殿最深處傳來怪聲，神祇官說那是阿波羅神演奏魯特琴（Lute，古代的樂器之一）的聲音，這些人因而不敢再拿神殿中的寶物，空手而回。他們向蘇拉報告一切經過之後，蘇拉並沒有發怒，而是說：

「你們不了解神的旨意所以才會害怕。那個樂聲是表示神同意將寶物捐獻出來，所以你們應該可以安心地將寶物帶回才是！」

蘇拉真是會愚弄人！後來又有一段小插曲。

蘇拉要求雅典無條件開城，雅典派使節前來交涉，使節一一陳述希臘的歷史與希臘文化珍貴之處，蘇拉卻告訴使節：

「你這番精闢的演說好像是在勸我向雅典投誠，很可惜我是羅馬公民，我不是為了學習希臘文化而來，而是來鎮壓雅典反羅馬的暴動！」

最後雅典答應無條件開城，蘇拉對雅典公民承諾：

「看在少數優秀份子的份上，我原諒多數人；看在少數優秀犧牲者的份上，我會原諒活著的人。」

蘇拉不允許戰敗的雅典人被賣為奴隸。另外，後世的我們可以拜讀亞里斯多德的作品也得歸功於蘇拉，是他發現了亞里斯多德的作品，並且將作品帶回羅馬。而蘇拉在雅典攻略時，其攻城武器所需的木材，全部砍伐自亞里斯多德創立的學園內的森林。

要攻占一個都市需要相當長的一段時間。即使西元前一世紀當時，雅典非常衰弱，攻防等等都需要花上一段時間；而且在雅典攻略戰中，必須同時攻擊雅典及外港皮留斯，因此羅馬軍隊只好將軍力一分為二。另外，負責海軍編制的盧加拉斯一直都沒有歸營；要求埃及派遣軍船支援一事也沒有回音。自從西元前一三三年以來，長達五十年間一直支持羅馬的同盟國此刻也必須開始檢討其必要性，因此這回的攻防戰似乎得花上一段時間。即使如此，雅典攻防戰迅速地在西元前八十六年三月一日結束，這完全是因為蘇拉急欲結束戰事的緣故。有情報顯示，十二萬潘特斯大軍已經越過黑海海峽進入雅典本土了。

五十二歲的蘇拉駐軍在已向羅馬投誠的雅典，主動北上準備在希臘中部予以迎頭痛擊。面對敵人的十二萬大軍，蘇拉可使用的軍隊只有三萬人，面對敵人擁有人數上的優勢，蘇拉認為與其防守不如主動攻擊。

蘇拉還有另一點不利。希臘中部一都市國家底比斯早已歸順米斯里達茲六世，而這個地方卻又是預定的戰場。蘇拉不僅要面對十二萬大軍，而且必須在敵人的土地上戰鬥。

西元前八十六年春天，兩軍在離底比斯西方十五公里處的一平原上對陣。擁有十萬步兵、一萬騎兵以及九十輛戰車的潘特斯軍在平原上擺開陣勢，步兵是拿著長槍的希臘式重裝步兵，戰車則是在車輪上裝有鎌刀的亞洲式戰車，完全是米斯里達茲六世的寫照。總指揮為來自中東的阿魯凱歐拉司將軍。相較之下，二萬五千名拿著短槍配上雙刃短劍的重裝步兵以及五千騎兵的羅馬軍，似乎不是對手。

但是戰火很快地就熄滅，而且整個戰事主導全都操縱在蘇拉的手中。轉動著鎌刀的戰車就像是當年扎馬戰役時的象群，先是被引誘衝過頭，然後在忙著煞車時，敵人一湧而上，被迫脫離戰線。

希臘的重裝步兵向來以前鋒犀利引以為傲，但兩翼及後方薄弱，必須靠騎兵彌補，然而潘特斯的騎兵團只會仗著人多，毫無戰術可言，結果被蘇拉以靈活的中隊調度，遠遠箝制在主力重裝步兵團之外。

馬留斯軍制改革之後，羅馬軍還是採用縱三列橫十列的中隊，這種傳統陣式的優點，在於軍隊可依戰況的需要隨時更改戰術，軍隊可以隨機應變。

潘特斯軍與羅馬軍隊最初對陣的結果是，潘特斯軍共有十萬名士兵陣亡或被俘虜，將近一萬人逃走；羅馬卻只有十二人犧牲。會戰結束後點名未到的有十四人，到了太陽下山後又有兩名士兵回來報到。這個記錄超越了亞歷山大以及漢尼拔，創下羅馬戰史上的新記錄。

在這次會戰後，先前一直依附於潘特斯陣營的城市國家底比斯，有一半的領土遭到沒收，被沒收的土地全數分配給阿波羅等神殿，以作為取走寶物的補償。

東方的君王不會親自領軍作戰，通常君王會把戰爭失敗的原因歸咎於總司令官能力不足。這次會戰之後，米斯里達茲六世仍然認為只要換上新的指揮官就可以打敗蘇拉。

幾個月之後，八萬潘特斯軍又越過黑海海峽。第一次會戰後，蘇拉的軍隊並沒有回到雅典，因此他又率領羅馬軍繼續北上迎戰。對陣的結果又是蘇拉取得決定性的勝利。這回潘特斯軍隊只有一萬五千人戰死，戰死人數少於第一次會戰的主因是，蘇拉下令不要將敵軍殺死，而是要將他們俘虜。蘇拉將這些俘虜當成奴隸賣出，獲得了一筆可觀的經費。羅德斯島被羅馬指定為自由港，此地奴隸市場一向活絡，此後不斷有希臘、亞洲的商人前來買賣奴隸。

羅馬軍隊連續兩次大勝，使希臘人認清了事實。當初米斯里達茲六世大張旗鼓要將希臘人從羅馬的手中解放出來，而今希臘人領悟到跟隨著潘特斯國王才是不智之舉。

雖然希臘的局勢已經平穩，但是潘特斯王米斯里達茲六世依然穩坐在小亞細亞；而蘇拉卻不能乘勝追擊，越過黑海海峽攻下小亞細亞，因為海軍尚未到達。在等待海軍到達時，蘇拉卻聽到一項不利的情報，辛拿派遣的軍團已經登陸小亞細亞南部。

在小亞細亞登陸的辛拿軍隊由富拉克斯擔任總司令官，弗布羅斯擔任副將，但是兩人卻常因為戰略理念不同而意見不合，加上有些士兵根本藐視司令官的無能，因此軍隊引發一陣暴動，結果富拉克斯被殺。後來弗布羅斯帶領羅馬軍隊與潘特斯軍隊大戰，戰勝了潘特斯軍。

這下子蘇拉進退兩難，因為他有兩方的敵人；但是米斯里達茲六世也是一樣。米斯里達茲六世衡量的結果，決定與較強的一方和談，因此他派阿魯凱歐拉司前往蘇拉的軍營進行和談。蘇拉提出的和談條件如下。

一、潘特斯國王必須放棄所有侵占的土地，回到潘特斯國境內。
二、潘特斯國此後仍為羅馬的同盟國。
三、阿魯凱歐拉司指揮下的海軍軍艦全數歸羅馬所有。
四、遣返所有潘特斯國的俘虜、逃兵及奴隸。
五、潘特斯國必須支付二千泰連羅馬幣當作賠償金。

負責交涉的阿魯凱歐拉司曾經在戰場上與蘇拉交手，因此非常了解蘇拉的實力，對於蘇拉所提的條件沒有任何異議；但是米斯里達茲六世卻遲遲沒有作出任何決定。米斯里達茲六世認為蘇拉急於和談，在講和條件上應該還會有所讓步，所以一直拖延。在等待回答期間，阿魯凱歐拉司染上急症，蘇拉擔心他的身體狀況，因此留他在軍營中治療。看到蘇拉如此寬宏大量，阿魯凱歐拉司開始有所動搖；蘇拉又趁機請他留在蘇拉的軍營，不要再幫潘特斯國王。盧加拉斯的海軍終於回到蘇拉軍營，埃及這次又表示保持中立，不願介入戰爭。這次提供軍船的是羅德斯島。

潘特斯國王米斯里達茲六世
（羅浮宮美術館藏）

米斯里達茲六世得知蘇拉的海軍已經回到軍營，才真正下定決心要與蘇拉和談，但是他並沒有放棄讓蘇拉在講和條件上有所讓步。米斯里達茲六世認為最好的王牌是，蘇拉以及他的軍隊是被羅馬政府流放的身份，也就是說蘇拉及其軍隊是不合法的。米斯里達茲六世要求和蘇拉親自交涉，地點在黑海海峽東邊的港口達達尼爾，時間訂於西元前八十五年春天。

一般說來，高峰會談大多是在中立地區進行。達達尼爾在小亞細亞最西側，但是仍屬於小亞細亞，那一年小亞細亞還是在潘特斯國的勢力範圍之內。決定和談地點之後，米斯里達茲六世認為自己應該以地主的身份迎接蘇拉，因此特地擺出東方君王的架勢。為了誇耀自己的實力，他帶領了步兵二萬、騎兵六千以及一隊戰車前往達達尼爾。

蘇拉卻只帶領步兵二千四百名、騎兵二百名越過海峽率先抵達達尼爾，而且開始架設羅馬式的陣營。這個情形與原本潘特斯國王所預設的狀況完全相反。

潘特斯王由手下的騎兵層層護衛進入羅馬陣營，身上穿金戴銀，一身豪華裝扮，這樣的裝扮讓羅馬士兵眼睛為之一亮；另一方面蘇拉穿著總司令官鮮紅的長衣，羅馬其他的將軍也都是一襲軍裝。四十七歲的潘特斯王以身材高大魁梧聞名，五十三歲的蘇拉屬於高瘦型。兩人下馬後，潘特斯王先伸出右手向蘇拉示好。

而蘇拉卻只是請潘特斯王就坐，根本沒有伸出手來，緊接著說：

「你是否接受我方提出的談和條件？」

看到蘇拉完全無視於應有的禮節，令米斯里達茲六世感到錯愕，說不出話來。

蘇拉也不等他回答，繼續說：

「人家問話應該有所回應才對！勝利者才有權保持沉默。」

米斯里達茲六世試著想要辯解，他想把發動侵略戰爭的責任全數轉嫁給神以及羅馬屬省的總督，但是蘇拉又早一步封住他的嘴。

「很早以前就聽說潘特斯國王米斯里達茲六世是個演說能手，我想現在必須重新評估其真實性了！但是我現在沒有那麼多閒工夫，我只問你是否接受談和的條件。」

一直啞口無言的米斯里達茲六世出乎意料地說：「好！」這時，蘇拉立刻與比他小六歲的米斯里達茲六世相擁示好，並且互換印鑑，蓋章簽下和約。米斯里達茲六世根本沒有掀出自己手中的王牌，交涉之間未發一語；兩者之間的和談可以說是沒有開始就已經結束了！

簽訂和約之後，米斯里達茲六世依約回到潘特斯，並從羅馬屬省小亞細亞地區撤軍。潘特斯的七十艘軍船歸蘇拉所有，編入盧加拉斯的海軍之中。原本盧加拉斯的海軍根本不具任何規模，但是自從加入潘特斯軍船之後，成為首屈一指的海軍。

但是蘇拉的手下不滿談和條件。米斯里達茲六世侵略羅馬屬省小亞細亞時，殺害了羅馬公民及奴隸共八萬多人，因此他們認為和談條件過於便宜了潘特斯國。因此蘇拉特地召集所有士兵，說之以理。

「我們如果不和米斯里達茲六世談和，最後他應會和弗布羅斯聯手，這樣對我們非常不利！」

最後獲得士兵的諒解，才平息了這場風波。

蘇拉成功地壓制住潘特斯國王米斯里達茲六世，同時也增加了進攻小亞細亞的實力；因此他揮軍越過黑海，向小亞細亞進軍。要想占領潘特斯軍隊撤退後的小亞細亞，先決條件是拉攏先前打敗潘特斯軍隊的羅馬「正規軍隊」，也就是由弗布羅斯所帶領的軍隊。

辛拿派遣的軍隊中有兩個騎兵軍團，總人數為一萬五千人；蘇拉旗下的「非正規軍隊」擁有三萬五千兵力，蘇拉並不打算與同為羅馬人的軍隊正面衝突。由小亞細亞西岸南下的蘇拉軍隊特地選在弗布羅斯軍營附近紮營。弗布羅斯軍隊的士兵看到蘇拉軍隊個個優閒地在挖掘戰壕，便失去了警戒心，赤手走進軍營中與蘇拉士兵閒聊，甚至幫他們工作。工作結束後，蘇拉士兵便邀這些人共進晚餐，晚上還同歡共寢。

這個情形好像是士兵集體投降，等到總司令官弗布羅斯發現時為時已晚，軍營中早已空無一人。這時，蘇拉派遣使者到弗布羅斯軍營，希望弗布羅斯替他們準備好回羅馬的船隻。弗布羅斯斷然加以拒絕，而且他覺得自己無顏回羅馬，因此在婆高蒙的宙斯神殿中自盡。結果，原本派來削弱蘇拉軍隊氣勢的「正規軍隊」全數被蘇拉的「非正規軍」吸收，蘇拉軍隊的勢力當然就更為壯大了。

但是，蘇拉沒有立刻回到義大利討伐視自己為國賊的羅馬政府。蘇拉光復了長久以來受到米斯里達茲六世侵占的遠東地區，同時也恢復了羅馬原有的霸業，使得羅馬霸權再次涵蓋整個小亞細亞。雖然他奪回羅馬原有的霸權，但是小亞細亞五年多來因為受到米斯里達茲六世統治，已經破壞了原來的羅馬秩序，因此蘇拉當務之急是要重建羅馬屬省統治體系。

蘇拉在小亞細亞重新建構羅馬的統治體系，大約可以分為下列幾個方向。

首先，蘇拉與小亞細亞地區最容易引發戰亂的三個國家潘特斯、俾斯尼亞、卡帕杜西亞分別簽訂互不侵犯條約，另外又更新同盟國條約。一旦其中一個國家侵略另一國時，它不僅違反了互不侵犯條約，而且是與羅馬為敵。蘇拉認為此舉可以有效遏止這三個國家再次發動侵略戰爭。

第二，舊婆高蒙地區五年來受到米斯里達茲六世占領，一直處於無政府狀態，因此必須立即恢復以婆高蒙地區為中心的小亞細亞西部的秩序。半世紀以來，這一帶一直都是羅馬的屬省，居民有義務繳納屬省稅，但是米斯里達茲六世為了討好這個地方的居民，完全廢除租稅制度。因為這位英明的君主很清楚，僅以「從羅馬的手中解放出來」這個理由，並不足以引希臘人上鉤的。

蘇拉恢復了租稅制度，而且要求居民繳清五年來漏繳的稅金，主要原因是，蘇拉必須想盡辦法籌措軍團所需的資金。

屬省的居民也只能忍氣吞聲了。因為蘇拉的軍隊不是同宿於軍營之內，而是被分派到每個屬省居民家中，讓每個家庭負擔一個士兵的食宿，負責接待將官級的家庭還得為將官準備兩套衣服，作為外出及家居用。每個家庭都希望士兵能夠盡早離開，但是他們一時也拿不出二萬泰連羅馬幣的巨額，只好以這樣的方式償還稅金了。

蘇拉將弗布羅斯旗下的兩個軍團編入盧加拉斯的軍隊中，海軍也一併留在小亞細亞。五十四歲的蘇拉非常信任三十二歲的盧加拉斯，將整個小亞細亞秩序安定的重責大任都託付給他。

蘇拉則是在完成一切布署之後離開小亞細亞，越過愛琴海經由皮留斯進入雅典。蘇拉擁有一批誓死效忠的軍隊，即使他要這三萬五千名士兵到地獄去，相信這些士兵也會遵從；但是蘇拉的作為卻出乎大家意料之外，他並沒有揮軍攻打義大利。他在雅典一年的期間，表面上的理由是要治療痛風，但是誰也不知道真正的原因為何。他就是在這一年間發現了流傳已久的亞里斯多德遺作，誰都不會相信蘇拉這一年是為了學習雅典文化而停留在此，我猜主要還是基於戰略上的理由。

萬一潘特斯國王米斯里達茲六世有所行動的話，從雅典外港皮留斯到小亞細亞西岸經海路只需三天時間；所以蘇拉留在雅典對米斯里達茲六世來說是一種無形的壓力；再者，從雅典經陸路到希臘西岸，再由海路到義大利半島也大約是三天，所以蘇拉留在雅典，事實上也給身在羅馬的辛拿莫大的壓力。

蘇拉還特地由雅典寄出一封信給羅馬元老院，信上寫著：

「請想一想我在小亞細亞及希臘的功績，像我這樣的人竟然會被當成是羅馬的敵人。我實在不懂，為什麼公民大會會將我流放至國外並且沒收財產，更不用說那些因為我而被殺的同伴了。為此，我和我的部下們決定要糾正這個歪風！」

蘇拉完全無視於羅馬的法制，無視於辛拿所代表的正規政府。

蘇拉的意圖已經非常明確了！這封信送達元老院後，蘇拉召集手下的士兵，第一次告知士兵他有意要進攻義大利，而且說明羅馬的軍隊擁有十人以上的將領及多達二十萬人以上的士兵。即使如此，所有的蘇拉士兵仍誓言願意追隨他一起戰鬥；不僅如此，士兵們還願意貢獻出平時的積蓄當作戰備資金。蘇拉十分感謝他們願意誓死效忠，至於積蓄的問題，他怎麼也不能接受，只是說自己有幸可以與這些士兵共患難，將來不知應該如何回報。這時已是西元前八十四年年底了。

蘇拉從西元前八十七年離開羅馬這三年期間，辛拿也不是毫無建樹。與蘇拉同為柯爾涅留斯家門的辛拿在馬留斯去逝後政途上一帆風順。凡是他自認為好的政策他一定嚴格執行，從來不會在意會得罪元老院守舊派的議員。他將「新公民」分配至全國三十五個選區，「新公民」總共有五十萬人，再將他們依資產區分為五個階級，加上無產階級總共為六級，但是這樣的分類方式也並非一朝一夕可以完成。「朱利斯公民權法」成立五年後，也就是西元前八十五年的戶口調查中，擁有羅馬公民權的成年男子較以前多了將近二倍，而且每年都以五千人的數量在增加。

貧民階級的小麥配給制度繼續實施。但是辛拿削減了公共事業預算，因此在他任內沒有什麼特別的公共事業。公共事業一事與取消四分之三的借款一事被指為是辛拿在政治選舉上的一種手段。

辛拿手中握有公民大會的選票，又在羅馬實行獨裁政治，但是除了上述的法案之外，他也沒有再強行通過任何激進法案了。在辛拿執政的三年間，羅馬各地從未曾發生過流血衝突事件，由於他能維持穩定的政治局面，所以元老院一些良知派的議員似乎也默默支持他。即使在蘇拉表明要進攻義大利時，元老院依然是支持辛拿。

辛拿將自己的女兒嫁給剛成年滿十六歲的凱撒，也就是後來史上聞名的凱撒。凱撒不僅是馬留斯的姪子，同時也是「同盟者戰爭」時被殺的執政官魯奇斯．朱利斯．凱撒的姪子。辛拿之所以會將女兒嫁給他，一方面是希望與平民英雄馬留斯結緣，另一方面也想利用這段姻緣向元老院良知派議員表示和解之意。當時羅馬上流階級的婚姻大多是屬於政治婚姻，不足為奇。

在可預期交鋒後必是一場激烈戰況的對峙中，雙方都需沉得住氣。最先舉兵的一方如果不是自信能掌握稍縱即逝的好時機，就是臣服於強大壓力之下。從來沒有軍團總司令經驗的辛拿，自以為屬於前者，其實是後者。

執政官辛拿首先以自己的職權編制軍隊，那一年與他同為執政官的是馬留斯的兒子，兩位執政官都決意要與「目中無法」的蘇拉一決死戰。我們由後來發生的事情看來，辛拿實在應該留在義大利與蘇拉對決。但是受到蘇拉莫大壓力的辛拿決定帶兵遠征希臘，在希臘與蘇拉展開大戰。

他在義大利中部面對亞德里亞海的一港口安科那集結軍隊。當所有志願兵都集中到安科那時，需要有個具組織能力的將官編整軍隊，但是辛拿卻沒有這個能力。因此所有的人就像是一盤散沙，毫無紀律可言。所以辛拿只率領一小部份軍隊渡過亞德里亞海。

但是，原本預定隨後抵達的軍隊卻根本沒有離開安科那，辛拿於是決定自己再回安科那帶領軍隊。回到安科那之後，他發現情形更為糟糕。一群毫無紀律的士兵幾乎發生暴動，辛拿亟想努力制止他們，但是他也只是站在高臺上，卻不發一語。如果他能平安地離開這群志願兵也就還好，只可惜他沒有活著出來。西元前八十四年底，執政官辛拿因為志願兵暴動事件而結束了一生，當時他未滿五十歲。

西元前八十三年早春，蘇拉帶著軍隊由雅典出發，橫越希臘之後渡過亞德里亞海，由義大利南端的布林迪西登陸。布林迪西的居民非常歡迎被當成國賊的蘇拉軍隊，這對蘇拉而言是個好兆頭。布林迪西是阿庇亞大道的終點，所以從這裡到羅馬只需半個月時間，但是蘇拉卻花了近二年的時間才又回到羅馬。如他所料，大批的羅馬正規軍正準備與蘇拉軍一較長短。

蘇拉登陸布林迪西之後，首先向所有人表明他將以軍事力量解決的決心，他說這是一種政治的手段。

我們從後來蘇拉進行的改革，可以清楚看出蘇拉是個極保守的人。在他的觀念裡，義大利半島是整個地中海世界的中心，而羅馬人是整個義大利半島的主導者，帶領羅馬人的一定就是元老院階級了。雖然蘇拉十分反對辛拿所提的「羅馬公民」與「羅馬新公民」享有同等權利，但是他也是個識時務者，他非常了解會在義大利半島上與自己一決勝負的士兵多數就是這些「新公民」，他們不願意失去才剛獲得的羅馬公民權，所以才會背水一戰。

因此蘇拉一登陸布林迪西，立即宣布他會完全尊重「新公民」的既得權益，但是卻沒有收到預期中的效果，原因有三。

第一，這個消息並沒有讓所有義大利居民知道。

第二，人們不相信保守派的蘇拉的話。

最後一個原因是，支持辛拿的人，親眼見到辛拿為了爭取他們的權益而努力，因此他們不能背信忘義。

雖然現實狀況對蘇拉不利，但是他仍然以自己的方法一意孤行，這也就是為什麼他要花二年的時間，才得以經由阿庇亞大道回到羅馬。

五十四歲的蘇拉本身有三萬五千名軍隊，再加上由希臘前來支援的五千名士兵，總共有四萬名軍隊，以非常緩慢的速度從阿庇亞大道北上。他的身邊還有許多四年之間不滿辛拿作為的人，支持擁護著他。

在阿爾卑斯山南邊高盧地方駐軍的總司令官馬鐵魯斯也帶著屬下的兩個軍團前來支援;父兄遭馬留斯殺害之後逃亡的克拉蘇也由西班牙趕來加入蘇拉的陣營;另外父親被馬留斯派殺害後消失無蹤的龐培也出現在蘇拉軍隊中,二十三歲的龐培帶著自己的三個軍團加入蘇拉軍隊,這使得蘇拉眉開眼笑。

至此,蘇拉軍隊的戰力從西元前八十八年的五個軍團,加上希臘的一個軍團、馬鐵魯斯的兩個軍團、龐培的三個軍團,總共有十一個軍團,步兵六萬五千名,騎兵一萬名,總人數為七萬五千名士兵。

另一方面,羅馬正規軍的人數則有十二萬人。正規軍的指揮官共有五人,分別是當年的兩位執政官諾魯巴努斯、卡魯玻尼斯,再加上前執政官西比奧·那西卡、馬留斯的兒子以及馬留斯的副將。蘇拉將軍隊分為四路北上,正規軍則分為五路,分別由五位將領指揮。

這場仗共打了二年之久,而且每次都是激戰。那西卡很快就棄械投降,他所帶領的軍隊則併為蘇拉的軍隊。先前的「同盟者戰爭」是羅馬公民與非羅馬公民之間的戰爭;而這次,兩方都是羅馬公民,在前線的士兵甚至不知自己為何而戰,只是憎惡滿心,這或許就是內戰悲慘之處吧!往往都不知道所戰為何?

這場戰役在全義大利半島上蔓延開來,最後終於在西元前八十二年十一月一日結束。諾魯巴努斯逃往非洲,馬留斯的副將則逃往西班牙,馬留斯的兒子最後也戰死,正規軍的指揮全數陣亡。蘇拉派龐培前往非洲追殺諾魯巴努斯，至於馬留斯副將則放任不管，但是這卻成了無窮後患。

蘇拉在毫無後顧之憂的情形下成為羅馬的領導者，一如當時五十六歲的馬留斯開始進行秋後算帳。

馬留斯的殺戮行為是為了要一解怨氣，蘇拉則是因為要消滅反對人士，但是無論如何結果都是一樣。

首先，正規軍中的四千名薩謨奈族的士兵在競技場被集體處死，他們的慘叫聲連遠處的元老院都可以聽得到。蘇拉聽到這些慘叫時只是說：

「沒有必要去聽正在受罰者的聲音。」

此外蘇拉釋放了一萬名奴隸，並且賜他們家門名為柯爾涅留斯，再由這群解放奴隸去幫他消除反對派。這群解放奴隸挖掘馬留斯的墳墓，再將他的骨灰丟進臺伯河中，同時也破壞了馬留斯戰勝朱古達及日耳曼人的紀念碑，甚至虐殺馬留斯的養孫。

凡是屬於馬留斯與辛拿的「平民派」人士，蘇拉將他們一一記錄在名冊上，最後一個個都逃不過死亡的命運；因為蘇拉採用懸賞的密告制度，誰都跑不了。蘇拉的「處罰名冊」上，包

印有蘇拉側面的硬幣
（大英博物館藏）

括近八十位元老院議員、一千六百名「騎士」以及其他人共四千七百人。這些人完全沒有經過審判就被處死，財產也被沒收，甚至連他們的子孫都不准再擔任公職。沒收的財產則全數拍賣，後來「三巨頭政治」中的一人克拉蘇就是利用這個時候搜購了許多財物。

蘇拉清除「平民派」的行動並不僅限於羅馬，更擴及義大利各地。中部的伊特魯里亞、南部地方的薩謨奈及盧奇里亞等地的人不僅被取消了「朱利斯公民權法」中保證的公民權，一些地方的有力人士甚至被判死刑，而且沒收所有的土地。蘇拉如此強硬的作法是為了要徹底破壞「平民派」的勢力。

蘇拉的「處罰名冊」中有個年輕人，他是馬留斯的姪子、辛拿的女婿，這個人就是凱撒。但是蘇拉身邊的人替他求情，說凱撒只不過是個十八歲的小孩，不可能有任何政治上的行動。剛開始蘇拉並沒有答應，但是由於太多人求情，最後他也只好將這名年輕人的名字從「名冊」上剔除，蘇拉說：

「你們不了解一個事實，這個年輕人的能力比馬留斯強上百倍！」

非凡之人才會有如此非凡的遠見！

蘇拉雖然答應凱撒免死，但是他有一個要求，希望凱撒和辛拿的女兒離婚。這是蘇拉的命令！

但是凱撒卻違反了蘇拉的命令，這件事激怒了蘇拉，最後凱撒只好逃離羅馬，躲到義大利中部。但是義大利中部也不安全，最後他逃到小亞細亞才避過蘇拉的追殺。

五十七歲的蘇拉並不像馬留斯一樣進行完屠殺後就死了。蘇拉有意要改革國政，但是他必須取得合法地位才能進行改革，大家都認為蘇拉有意成為執政官。

羅馬法律中規定，如果執政官在任期中死亡，職務由元老院的議長選出一人代理，我將這個職位譯為「選舉管理內閣長官」；這一年由巴雷里斯擔任這個職務。當巴雷里斯正要召開公民大會商討選舉執政官事宜時，收到了蘇拉的一封書簡，上面寫道：

「羅馬現在的狀況非常危險，這是眾所皆知的事情，非常時期就應該有非常對策。我認為現在選執政官並不妥當，而是應該有一位獨裁官；而且任期不應該只有六個月，應該在他解決所有狀況之前，得以無限期延長。如果羅馬公民願意，我願意擔此重任！」

羅馬共和體制中，在公民大會、元老院及執政官體制有缺陷時，獨裁官握有決定國家所有事務的大權，任期為六個月；而執政官有權任命獨裁官一職。

蘇拉凱旋式紀念貨幣
（直徑 1.9 公分）

但是西元前八十一年，擁有獨裁官任命權的兩位執政官皆戰死，按理說這一年不可能有人就任獨裁官。

其實蘇拉相當清楚這一點，而他的書簡也不能說是命令，應該說是「恐嚇」！因為蘇拉手中握有十萬大軍的兵力。巴雷里斯及元老院也就只能屈服了！

公民大會中提出「巴雷里斯法案」，通過蘇拉擔任無限期的獨裁官一案。蘇拉以武力成功地奪取獨裁官一職，而且是羅馬歷史上第一位無限任期的獨裁官；接著，公民大會中選出西元前八十一年的兩位執政官，當然這兩個人都是蘇拉派的。

當一切都處理完畢後，蘇拉才舉行戰勝潘特斯的凱旋式，慶祝活動長達二天；這一年正巧是希臘第一百六十五屆奧林匹克運動會，但是所有運動員全被邀請到羅馬參加慶祝活動，比賽當然也就因而延後了！

西元前八十一年一月二十七日和二十八日二天舉行完凱旋式後，蘇拉就開始進行國政改革。

獨裁官所提出的法案完全不需要經過公民大會同意，就可以直接成為羅馬的政策，這些改革案分別說明如下。

公民權與選舉制度

蘇拉信守承諾，承認「朱利斯公民權法」，同時也承認「普布里斯法」中所規定的「新公民」得以在全國三十五個選區中的任一選區投票。由這一點可以證明他並不是一個頑固的守舊派。

但是他卻廢除了解放奴隸可以與「新公民」一樣在任一選區投票的法案，解放奴隸必須像從前一樣只能在三十五個選區中的四個選區投票。

另外，蘇拉在「朱利斯公民權法」中多加一條但書，與羅馬敵對者不得取得羅馬公民權。蘇拉利用這項規定剝奪了伊特魯里亞及南義大利多數部落的羅馬公民權，因為這些人在蘇拉登陸義大利後，參加羅馬正規軍，與蘇拉為敵。

福利問題

蘇拉廢除了四十多年來一直實施的「小麥配給制度」，因為他認為健全國家財政比社會福利制度重要，同時他也想藉此阻止「平民派」的勢力日漸擴大，也許蘇拉沒有考慮到，解決失業者問題最有效的方法就是將他們吸收進入軍隊中。

失業對策

蘇拉又開始進行廢案已久的新殖民地建設。其實他並不是將此當成是解決失業問題的對策，而是把新殖民地建設當成是對自己屬下的一種「退休補助」，所有十一個新殖民地名額全部都被蘇拉的軍隊占滿。

元老院改革

從西元前五〇九年起，元老院議員人數一直都維持三百人，即使國家政體從王政時代改為共和，也都一直維持不變。而今羅馬是整個義大利半島的統治中心，是地中海世界的霸權國家，擁有羅馬公民權的人數也比以前增加十倍以上，因此蘇拉認為元老院的規模也應該因應現實狀況。

經過馬留斯及蘇拉在五年之間的殺戮，原本三百人的元老院議員人數僅剩不到二百人；蘇拉首先補足缺額，接下來又把元老院的規模擴大為六百人，擔任新增的元老院議員並不是建國以來的那些名門貴族，也不是平民貴族，而是與國政相關的「騎士階級」。蘇拉將這些經濟份子引進政治圈，主要是希望他們也能分擔羅馬社會責任；而且，想要壓制以護民官為首的平民勢力的最佳方式，就是強化元老院的勢力。

司法改革

共和羅馬的審判制度是由法務官擔任搜查與裁判，律師如果替原告辯護則負責檢察，最後判決則是由陪審團決定。因此羅馬政爭的一大焦點就在於，陪審團應該由元老院議員獨占或是應該加入「騎士階級」和平民。

而蘇拉這次的改革，卻又將陪審團的成員改為由元老院議員獨占，恢復到格拉古兄弟時代前的狀態。因為他認為既然元老院內多了許多「騎士階級」，所以事實上陪審團的席次已經可說是貴族二分之一、「騎士」二分之一了！當然這也是他強化元老院的考量之一。

行政改革

蘇拉深刻了解到必須建立一個符合羅馬現狀的統治體系，但是他同時又對由元老院主導的寡頭政體，也就是羅馬特有的由少數人領導共和政體深信不移。在他的行政改革是以年資為最優先考量，而不在意是否具有真正實力，因此在蘇拉的改革中，職位順序非常嚴明。

他將審計官由八名增為十二名，年齡必須在三十歲以上，有審計官經驗者才可以進入元老院。法務官則由六名增為八名，年齡在三十九歲以上，有法務官經驗者才得具有執政官候選資格。

執政官仍維持兩名，年齡必須在四十二歲以上。由這個行政體系看來，如果三十歲當選為審計官，一年任期結束後就任元老院議員，在元老院參政八年後，再當選為法務官，此後以前法務官的身份出任屬省總督，才可以取得執政官選舉資格；執政官任期結束後再度前往統治屬省，回羅馬後又成為元老院議員。以這樣的資歷看來，最後元老院一定是個經驗豐富者集聚的機關。

另外，蘇拉當然也不忘建立屬省嚴密的統治系統。法務官增為八人後，八位前法務官再加上兩位前執政官共十人，分別派往羅馬十個屬省，以一年為任期。

十個屬省包括——

一、西西里島。

二、薩丁尼亞島。

三、被稱為「近西班牙」的西班牙東部。

四、被稱為「遠西班牙」的西班牙西部，也就是現在的葡萄牙。

五、「高盧地方」，也就是現在法國南部普羅旺斯。

六、希臘的馬其頓。

七、當時被稱為「亞洲屬省」的小亞細亞西部。

八、小亞細亞東南部的西里西亞地方。

九、舊迦太基的「非洲屬省」。

十、距離羅馬最近的北部義大利。

羅馬有必要派遣總督至這十個屬省統治。

軍事改革

蘇拉相信政治與軍事分離是健全發展國家所不可或缺的重要因素，似乎忘了他個人就是以武力成為獨裁官的，但也正是曾兩度率領軍隊強行「進攻羅馬」的蘇拉本人，才最明瞭這其中的利弊。

首先，他規定國內只有執政官可以帶領軍團，國內常備軍並且不得超過四個軍團，規模在這以上的軍隊指揮權只授予負責防守屬省的前執政官或是前法務官，但規定他們在動用軍隊之前必須先取得元老院的許可，同時不許率軍進入屬於羅馬直轄的盧比孔河到墨西拿海峽一帶的義大利半島；這是為了避免有人意圖以武力控制首都羅馬及元老院。最高司令官在任務完了後必須解散軍團；和士兵距離最近的屬省總督的任期也定為一年，理由當然是為了避免因為任期過長而導致軍團「私兵化」。相對於執政官及法務官是由公民大會中選出，另外又將以往的慣例——派往統治屬省的前執政官或是前法務官的任地則是由元老院決定的體制制度化，顯然蘇拉是希望藉由強化文官體制來阻止日後其他人有「進攻羅馬」的可能。

地方改革

現在所有的義大利人皆為羅馬公民，與從前「羅馬聯盟」的時代已大不相同，因此羅馬不必再尊重同盟都市的國家自治。曾經是羅馬的同盟都市國家現在都已成為羅馬國家自治體的一部份。蘇拉的地方改革是由中央政府羅馬派遣首長前往各個地方自治體，官派首長在地方選出一百人為議員組成地方議會，在五年任期內負責地方行政事務。地方自治體的居民當然也具有羅馬公民權，有義務繳交直接稅，但是這個時期的地方財政究竟是如何處理，我一直都找不到相關資料。

唯一可以確定的是比「羅馬聯盟」時代更加中央集權。官方語言為拉丁語及希臘文，當然方言也被廣為使用。

護民官制度問題

蘇拉認為自格拉古兄弟之後，羅馬之所以會陷入如此混亂局面，主要原因在於元老院的統治能力不足以及護民官的權力過大。

前面一些改革中已說明蘇拉強化元老院功能的種種作法，現在就只剩下如何削減護民官的權力了。蘇拉當然不會斷然地廢除護民官制度，因為這一定會引起國家四分五裂的大暴動，他的作法則是讓制度繼續存在，但是卻有名無實。

西元前四世紀後半以來，護民官一職無疑是平民貴族及平民魚躍龍門的大好機會。元老院最早的設立是作為國王的諮詢機構，列席的全是羅馬的有力人士。不像名門貴族可以無條件進入元老院，一般平民百姓就算祖先曾經當過執政官，只要仍是平民的身份，就無法如願進入元老院。西元前四世紀中葉的改革允許有護民官經驗者，可以自動成為元老院議員，部份原因也是考慮到這一點。羅馬共和的主要官職，例如執政官、法務官、財政官等等，其基本條件都是必須具備元老院議員的身份，因此幾乎所有的平民貴族或是平民出身的執政官都曾出任過護民官，像格拉古兄弟一樣對進入元老院不感興趣的，實在少之又少。

蘇拉削減護民官權力的方式是保留護民官卸任後可以進入元老院的規定，但是卻不能再擔任其他官職。這使得有野心在政治上發展的人不願再擔任護民官，護民官的素質自然會愈來愈差，就不再可能成為對抗元老院勢力的一股力量了。

當然，蘇拉也沒忘記有些人，例如格拉古兄弟，並不是把護民官職當成晉身政界的跳板，對付這樣的人，他想出的對策是曾任護民官者，必須經過十年才能再次參選，和執政官的參選限制一樣。

以上就是羅馬歷史上任期無限的獨裁官蘇拉上任之後所做的種種國政改革。蘇拉從西元前八十一年開始就一直努力地貫徹改革。

仔細看看這些政策，不難了解到蘇拉致力於修繕羅馬「元老院體制」這個「皮袋」；四處補釘之後，他認為這個舊「皮袋」依然可以再裝入新的葡萄酒，繼續使用。

有這樣想法的不只是蘇拉一人而已，當時羅馬最具有「大眾傳播代表」觀念的西塞羅也對此深信不移。總之，對當時的羅馬人而言，在解決社會上種種問題的方法中，他們絕對不會捨棄原有的「皮袋」，只是將舊有的制度加以修繕而已。

西元前八〇年底，依往例在羅馬市中心的羅馬大道上召開公民大會，選出下年度的兩位執政官；執政官選出之後，蘇拉即站上講臺。五十八歲的蘇拉在沒有任何前兆之下，向所有羅馬公民宣布將辭去獨裁官的職務。

由於事出突然，所有的人只是瞠目結舌地看著蘇拉，不發一語。蘇拉看著所有的公民又繼續宣布解散代表獨裁官權威的二十四人警衛隊，從此蘇拉即回復一介平民，不再擁有獨裁官的絕對指揮權。

身材魁梧的蘇拉在一片靜默中走下講臺，並和友人聊著天散起步來，這時在群眾中有人開始批評他在獨裁官時代的作為，蘇拉只是回頭想看看誰在說話，一回頭，聲音的主人立刻閉嘴。

公民大會是羅馬公認的最高決定機關，蘇拉進行改革後可以穩坐獨裁官的寶座，這是無庸置疑的事，但是他卻自願辭職。一些批評蘇拉改革是保守反動行為的研究學者竟也讚賞蘇拉辭去職務是一種「不執著於權力的廉潔行為」，而我卻不是這樣認為。

蘇拉的國政改革是重建羅馬固有的共和體制，以元老院為象徵的少數指導制絕對不會容許所謂獨裁官的存在。蘇拉之所以可以順利成為獨裁官，完全是因為他要重建羅馬的亂象社會，也就是重整羅馬的社會秩序，所謂的秩序也就是指元老院所主導的秩序。

因此，只要他繼續坐在獨裁官位子一天，便一天違反了不允許個人形象突出為前提的少數指導制。換句話說，如果他想完成自己一手主導的國政改革，就必須辭去獨裁官的職位。至於世人對他不執著於權力的讚譽，其實不是他的本意，雖然隨之而來的利益確實不少。在這明事理的人總占少數派的人世間，為了能讓改革克竟全功，有時手段是無法選擇的。

蘇拉辭去獨裁官之後，從此就退出政治圈，雖然在身份上他仍是元老院議員，但是他卻離開羅馬，隱居在拿坡里以西的海邊庫馬。庫馬是希臘人在義大利半島上最早建設的殖民都市，深受希臘人喜歡的一個地方。

蘇拉一向對錢財很淡泊，他在庫馬所建的別墅雖不是很簡樸，但也絕不豪華；他每天在別墅釣魚、聊天、寫回憶錄。蘇拉的回憶錄在中世紀時被銷毀，並沒有流傳下來，但是他在回憶錄中不斷強調，自己的成功完全是因為自己是個“felix”（幸運的受惠者），甚至將這個字當成是自己的稱呼，加在名字後面，所以他的全名為魯奇斯．柯爾涅留斯．蘇拉．菲力克斯。

在別墅中與蘇拉為伴的是三十五歲的妻子菲莉雅。蘇拉前三次婚姻娶的都是沒沒無名的女人，第四任妻子是羅馬政治界中有名的梅特魯斯家的女兒——梅特拉，但是梅特拉在蘇拉擔任獨裁官時期產下一對雙胞胎兄妹後去世。根據普魯塔克（Plutarch）的記載，單身的蘇拉是在以下的情形下邂逅了這位年輕的離婚婦女。

在鬥劍士的比賽會場，有位年輕女子走過蘇拉座位，經過時她用手碰了一下蘇拉的肩，捏起他長衣上的斷線，隨即回到自己的座位。蘇拉被這突來的舉動嚇了一跳，一直看著這名女子。女子並沒有起身，坐在位子上對蘇拉說：

「請別把這當成什麼奇怪的舉動，我只是希望分享一些你的幸運而已。」

這位名門貴族巴雷里斯的女兒最後就成為蘇拉的第五任妻子。

一齣名為「紐約物語」的電影中，導演馬丁．斯可賽斯在故事最後，描述一位著名畫家在一場作品展覽會場遇到了一位年輕女子，他們相遇的情節就與蘇拉先前的對話一模一樣。現代人馬丁．斯可賽斯大概也看過普魯塔克的作品吧！

道德家普魯塔克當然不是把這段故事當成佳話來講，反而是在結尾處批評以蘇拉的年齡與地位來說，其決定過於輕率。我們不難理解像普魯塔克這樣的人，是不會了解於公是禁慾者，於私則是享樂主義者的生活方式，也難怪他會批評蘇拉的私生活了。

其實蘇拉在擔任獨裁官前後的生活並沒有很大改變。他在公事上是個公正不阿的人，但是回到家之後卻很愛說笑。如果說普魯塔克經常和一些希臘歷史學家、哲學家一塊用餐的話，那麼蘇拉一定是常和喜劇作家或喜劇演員一同吃飯，冷酷的政治家餐桌上總是充滿哄堂的笑聲。

一年多的隱居生活之後，蘇拉逝世了。在他死前二天大量吐血，但是他仍堅持繼續寫回憶錄，一直寫到第二十二章。蘇拉在遺書中將一對未成年的雙胞胎及菲莉雅腹中的小孩託付給盧加拉斯，此外就沒有交代其他事了，葬禮中也沒有人提及任何遺言。

至於蘇拉的葬禮究竟應該怎麼辦呢?羅馬政治圈分為兩派意見——西元前七十八年的執政官雷比達 (Lepidus) 及加圖魯斯 (Quintus Lutatius Catullus) 兩派;加圖魯斯及龐培等人是屬於蘇拉派，因此他們主張應該在羅馬舉行國葬;另一方面，雷比達則主張蘇拉已經不是羅馬的官員，因此葬禮應該私下進行。但是這段期間，蘇拉的「私兵」都集中到庫馬這個地方來，他們可說是來參加蘇拉葬禮的，而且全員武裝，這個壓力使元老院不得不決定蘇拉的葬禮為國葬。

蘇拉的遺體放在純金的床臺上，運送遺體的靈車由八頭牛拉著前進，由庫馬沿海岸北上。隊伍由喇叭前導，蘇拉的軍隊則是跟在牛車後頭，軍隊並不是排成一列，而是依照從前蘇拉帶兵的隊形一樣，看起來就像是在行軍，唯一不同的地方是在前面的已經不是活生生的蘇拉了。

進入羅馬城門後，原本素淨的隊伍增加了一絲華麗，軍團旗、大隊旗、中隊旗紛紛並列在隊伍間。依照羅馬葬禮的習俗，羅馬的市、村、屬省必須送來二千頂黃金打造的皇冠，以表示對死者的感念，這些皇冠也替整個葬禮增色不少。整個葬禮的隊伍由最高神祇官帶領抵達了羅馬廣場，所有元老院議員及兩位執政官早已在那等待多時了。

歷史學家阿庇亞努斯及普魯塔克都沒有提到祭弔文是出自何人之手，一般來說應該是死者的至親所寫；但是當時蘇拉的兒子尚未成年，所以可能是由他人代寫的吧！

整個祭弔結束後，隊伍離開羅馬廣場走到馬爾斯廣場，樂隊沿途演奏著非常哀淒的音樂。羅馬市民也參加了在馬爾斯廣場上舉行的國葬，有些人是因為感念死者而來的，有些人當然只是為了好奇而來。蘇拉的遺體與羅馬歷代的君王一同埋葬在馬爾斯廣場中央的墓地上。

蘇拉雖然沒有事先指定葬禮的方式，但是他卻已經事先要求希望可以火葬。火葬在羅馬十分罕見，一般都是與自己的家人同葬。蘇拉一直忘不了馬留斯死後遺體被人挖出，丟入臺伯河一事，為了不讓自己的遺體遭到後人褻瀆，蘇拉決定自己一定要火葬。所謂死亦有方，蘇拉的葬禮可以說是前所未有的盛大。

墓碑上的碑文也是他生前想好的。

「對於朋友而言，蘇拉是全世界最好的人；對於敵人而言，蘇拉卻是全世界最可怕的人。」

蘇拉在臨死的一刻，都如此目中無人。

第三章

龐培時代

（西元前七十八年～前六十三年）

龐培像（拿坡里考古學美術館藏）

如果人類的幸福是建立在實現願望之後安然就死的話，那麼蘇拉的確如自己所評價的，是「幸福的人」。但是就人類而言，尤其是對生來就註定為公職命運的人來說，儘管生前既沒有實現願望，也沒有得到善終，但如果「幸福」的定義是——為個人所屬的共同體指示一個未來方向，那麼蘇拉就要淪為「不幸的人」了。

正如同所有的近、現代有名的歷史書都將敘述蘇拉死後的續章命名為「蘇拉體制的崩潰」一般，蘇拉之死連帶導致他畢生致力修復的由元老院主導的羅馬共和政體再度走向滅亡。而且這並不是蘇拉獨裁統治下苟延殘喘的反蘇拉派所帶來的，令人驚訝的是，這全是親蘇拉派一手所做的。

為什麼「蘇拉體制」會毀在蘇拉派門下？是否真如大多數歷史研究者所說，是蘇拉手下各將所懷野心的犧牲？還是「蘇拉體制」根本不適用於西元前一世紀羅馬所面臨的現實，以致連親蘇拉派都無法維持？

在蘇拉去世的西元前七十八年，當時兩派的班底有哪些人？值得著墨特別提出來的人，大概就是擔任西元前七十八年執政官的雷比達。但是他之所以能在蘇拉獨裁下生存，完全是因為打著親蘇拉派的幌子。當遭蘇拉掃蕩沒收來的財產在拍賣時，他趁機廉價買進，大賺了一筆。而在見到蘇拉辭去獨裁官，立刻轉而發表責難蘇拉的演說。也許後代的研究者會讚譽這種人勇氣可佳；但是當時的羅馬人視他為滑稽之至也是可以理解的。因此說要靠雷比達來集結反蘇拉派是絕不可能的事。

反蘇拉派中還有一個塞多留斯(Sertorius Quintus)。他長期待在馬留斯麾下,在因蘇拉率兵登陸義大利所引起的內戰中,敗在蘇拉手下,逃到西班牙,成為僥倖逃過蘇拉追殺的反對派一員。但是與馬留斯同為平民出身的塞多留斯,充其量只不過是個「小號的馬留斯」。

除此之外,夠得上資格稱為反蘇拉派的,也只有因為拒絕離婚命令冒犯了絕對權力者蘇拉,而不得不逃往近東的凱撒。只可惜他才二十二歲,在得知蘇拉的死訊後,勇敢地回到了羅馬,但是既沒有地位也沒有錢,更別談權力,怎麼能集結反蘇拉派。大器晚成的凱撒唯一能做的只有暫時靜候時機成熟。加上當時只有花名在外的這個年輕人,老實說誰也不將他放在眼中。

反蘇拉派既是如此成不了氣候,當然不可能對「蘇拉體制」有反擊的能力。

至於親蘇拉派,談到首席地位非盧加拉斯莫屬。他受了從義大利歸來的蘇拉之託,處理小亞細亞後事;他被贈與蘇拉所作的《回憶錄》;又被指定為蘇拉遺囑執行人。生年雖然不詳,但從他就任官職時間來推斷,當蘇拉死時應該是三十八歲前後吧!

地位僅次於盧加拉斯的則是當年三十六歲的克拉蘇,在辛拿的獨裁時代,逃往西班牙躲過一劫。當他得知蘇拉登陸義大利,立刻投靠到蘇拉陣營,內戰中更從頭征戰到底,可稱是蘇拉得力左右手之一。只不過他的興趣比較不在軍事或政治方面,而是更熱衷在賺錢上。

談到蘇拉的左右手,也許應該先提比克拉蘇小八歲的龐培才對。蘇拉死時才年僅二十八歲的龐培，很早就登上「政治舞臺」。開端是在二十三歲那年，投靠到登陸義大利的蘇拉陣營，在蘇拉指揮下作戰。如前面所提到的，當時他帶領自費調度來的三個軍團參與作戰，讓蘇拉大喜。所謂三個軍團計有步兵一萬八千名及騎兵二千名左右，合計共二萬名。他之所以能夠自己調度到如此規模的軍隊，多虧了龐培家是擁有在中義大利面對亞德里亞海阿斯科里皮伽諾地區廣大領地的世家，既有豐富的資金又受惠於充足的「後援者」。蘇拉的父親曾擔任執政官，與馬留斯派抗爭而去世。與盧加拉斯及克拉蘇一樣，龐培也是因為對元老院階級而言並非「新進者」這點，讓保守主義者蘇拉不太放心。

在軍事方面有超人一等長才的蘇拉，很早就看出龐培在這方面的天份。當內戰告一段落，蘇拉立刻派年輕的龐培前往搜尋逃往非洲的反蘇拉派餘黨，功成圓滿歸國的龐培此時尚不滿二十五歲。但蘇拉聽從了龐培的懇求，允許他舉行凱旋式。才二十五歲就當上凱旋將軍，這連大西比奧都沒做到，可說是羅馬史上最初的快舉。

在這個機會中，蘇拉半開玩笑地給這位年輕的凱旋將軍加上了「大帝」的尊稱，英譯是"The Great"，而被冠上「大帝」稱號的至今只有亞歷山大一人。當蘇拉在世時，龐培當然不敢用這個尊稱，但在蘇拉死後，逐漸開始自署名為「龐培大帝」。一句玩笑話對年紀輕輕的龐培來說卻有著深遠的影響。

相對於人才缺缺的反蘇拉派陣營，親蘇拉派群集了這許多人才，說「蘇拉體制」穩如磐石，想必是理所當然的吧！然而即使如此，羅馬仍然走向「蘇拉體制」崩潰一途，而且導致崩潰的罪魁禍首就是這些蘇拉門下的才俊們。

如同反映反蘇拉派無人才一般，在蘇拉死後不到一年所發起的反「蘇拉體制」，像是仙女棒一樣，才一點亮馬上消失無蹤。但這也算是邁向「蘇拉體制」崩潰的前哨戰。

西元前七十七年，雷比達奉命以前執政官身份，出任阿爾卑斯山以北的高盧，也就是南法屬省的總督。他考慮要以軍事力量來實現前年任執政官時遭否決的提案。他所提出的法案有以下四項：

一、將因蘇拉下令肅清而被國家沒收的土地全部歸還原主。

二、喚回被蘇拉處分逐出國門的人。

三、恢復對貧民階級的福利政策——「小麥法」。

四、恢復護民官的權威及權力。

因為蘇拉才剛死，又加上當年執政官的強硬反對演說，雷比達的提案在公民大會遭到否決，雷比達於是考慮要以武力來翻案。別說前往任地南法屬省赴任，他居然在中義大利就自作主張，越權開始編組具規模的軍隊。他集結了許多站在反蘇拉立場以及因反抗蘇拉而遭剝奪土地或公民權的民眾。雖說如此，在那當時他們才真的算是羅馬正規軍。

獲悉這個訊息的元老院，害怕在義大利國內又引發內戰，快速地通過了「為防衛共和國的元老院勸告」。這個非常事態宣言一經發布，意謂著執政官即使動用武力，也必須進行鎮壓。

兩軍在義大利中部的伊特魯里亞（Etruria）地方（現在的托斯卡那地方）所發生的衝突，很快地就擺平了。這全是因為受執政官加圖魯斯委任實權的龐培運用速攻戰法而致勝。戰敗的雷比達雖然逃到了薩丁尼亞島，但是不久就病逝於此。而擔任雷比達副將的布魯圖斯則落入龐培之手遭到殺害，造成後來以主謀暗殺凱撒成名的布魯圖斯在七歲時喪父。雷比達軍的餘黨逃往西班牙，與在西班牙起兵反抗「蘇拉體制」的塞多留斯會合。

如此簡單地就鎮壓住雷比達引發的興兵叛亂，但卻留下了副產品。

當時羅馬共和政體的習慣是只要交出了指揮權，在戰場上的行動就完全委任司令官。也就是率軍的總司令官被賦予「絕對指揮權」。而這個「絕對指揮權」只能交付予法務官及執政官或前法務官及前執政官。在蘇拉的改革之下，法務官的資格年齡限定為三十九歲，而執政官為四十二歲。

在內戰非常時期嶂嶸頭角的龐培以二十多歲的年紀，又不具擔任共和政體羅馬官職的經驗就爬了上來，也沒有被羅馬世家子弟稱為成功之徑的審計官或按察官的經歷。之所以不得不在實質上給他「絕對指揮權」，完全是因為在元老院階級中，沒有一個可超過龐培的軍事人才。

在鎮壓雷比達時，問題並沒有浮出檯面。被賦予「絕對指揮權」的到底是執政官加圖魯斯，即使行使實質大權的是龐培，時年二十九歲的龐培的地位也僅止於最高司令官加圖魯斯的幕僚。但是在鎮壓住雷比達，面臨解決問題的時候，就不能再用這樣的隱身衣了。

此時，元老院已不能再坐視塞多留斯與雷比達的餘黨會合，在西班牙屬省開始擴充實力，所以在蘇拉還在時就派了梅特魯斯前去鎮壓。但是梅特魯斯所率領的羅馬軍，被塞多留斯的游擊戰法弄得團團轉，西班牙的戰況陷入了空前的緊張。元老院也深感有必要增援，但是卻沒有自信能在符合資格年齡三十九歲，擁有法務官以上官職經驗者中找出值得信賴、可交託「絕對指揮權」的武將。

這時，自報姓名出來的就是二十九歲的龐培。他連以三十歲為資格年齡的審計官都沒當過，當然也不會是元老院議員；而比有權領軍、擁有「絕對指揮權」法務官的三十九歲資格年齡也還少了十歲。據自報姓名挺身而出的龐培的意見，他認為已有大西比奧的前例。但那是在第二次布尼克戰役中，對羅馬來說是空前未有的非常時期所通過的特例。何況在二十五歲就被賦予「絕對指揮權」的大西比奧，還有為相繼戰死的父親、伯父做弔喪之戰的大義名份在，這是最會觸動重視先祖、家庭的羅馬人心弦之事。而龐培完全沒有這類的理由。

元老院被迫在以下兩者中選一——是堅守「蘇拉體制」呢？還是冒險認可這個有可能變為常例的特例呢？這也是年功序列制及實力主義之間的抉擇。

二年前被派往西班牙的梅特魯斯也不是個凡將。大家都一致同意如果將對塞多留斯之戰交託給他遲早會解決，但是問題出在「遲早」上。到事情解決需要花多少時間或是需要犧牲多少人，大家都沒個底。元老院議員不禁要暗自盤算，羅馬還能撐多久。

但是，答案很快就出來了。因為蘇拉活著時顯得很安份的潘特斯王米斯里達茲六世又再度顯露不安。元老院判斷已沒有餘裕去等待「遲早」，於是決定將「絕對指揮權」交給二十九歲的龐培，送他到西班牙，希望他與梅特魯斯合力早日解決塞多留斯問題。這也就是「蘇拉體制」崩壞的第一步。元老院暴露出無法在現實上呼應蘇拉想藉由增加既定名額來同時強化質與量的想法。

由被稱作「塞多留斯戰役」就可得知，在屬省西班牙發動的這個戰役並非西班牙人為求民族自決所作的抗爭行動。西元前一三三年，西班牙因小西比奧造成努曼提亞毀滅以後，在羅馬統治下已過了平靜的半個世紀。

因此從西元前八〇年打到前七十二年，將羅馬軍困守西班牙八年的這場戰役，只不過是場易地再戰的馬留斯對蘇拉之戰的延長罷了。

在羅馬社會一般都擁有個人名、家門名及家族名，但是塞多留斯與馬留斯一樣都只有個人名及家族名，兩人都是屬於平民出身，力爭上游苦出頭型的人。他的出身地在中義大利的溫布里亞鄉下，與馬留斯一樣是出身鄉下。他志願加入馬留斯軍隊，在與日耳曼人戰鬥中嶄露頭角。才二十六歲就擔任由六百名士兵組成的中隊指揮官，可說成名得相當早。從西元前八十三年開始的蘇拉與羅馬軍的內戰中，想當然爾，塞多留斯是打著「平民派」的旗幟與蘇拉交戰。

但隨著蘇拉的勝利，他名列蘇拉「黑名單」中，於是逃出了義大利。

起初，塞多留斯好像是逃到了北非的茅利塔尼亞王國，在那裡藏身了一段時間後再穿越「赫拉克斯的雙柱」（現在的直布羅陀海峽）來到西班牙，立即組成了有四千七百名之多的軍隊，領兵與被稱做「遠西班牙」的西班牙西部屬省總督作戰，一舉得勝。這場勝利使得當年年底投靠他旗下的士兵一下子增加到八千名。那是塞多留斯四十三歲的秋天。他的身上留下了無數的刀傷，失去了一隻眼睛，西班牙人開始稱他為「漢尼拔」第二。

據說是塞多留斯的像
拿坡里考古學美術館藏

當時蘇拉指派梅特魯斯前去討伐塞多留斯。西元前七十九年，羅馬軍對塞多留斯正式的第一戰，在塞多留斯的敗北下結束。但是塞多留斯以此為契機，改變了戰法，從此徹底實行游擊戰術。

在地勢繁複以及多種部落雜居的西班牙，游擊戰法最容易發揮效果。加上對正規軍而言，如果不勝就算落敗，而游擊軍則是沒敗就等於勝利。已經沒有地方可以投靠的塞多留斯，打算在西班牙建立一個獨立國家，於是成立了元老院以及將官的培訓學校，這也使得西班牙原住民漸漸向他靠攏。他所採取的游擊戰法備齊了所有發揮效果的條件。

而因為對手是羅馬正規軍，塞多留斯的驍勇善鬥在全地中海皆有所聞。不久蘇拉就死了。可以傲視全地中海的蘇拉一死，在風平浪靜的地中海世界，不免引起一陣餘波盪漾。

首先在義大利本土有前執政官雷比達反抗蘇拉體制。前面已經說過，他所引起的叛亂很快就被鎮壓住。但是雷比達派先逃往了薩丁尼亞島，在雷比達死於當地後，又逃往了西班牙。與塞多留斯會合的這派兵力共計有步兵二萬名及騎兵一千五百名，由雷比達的幕僚之一貝魯貝納率領。

有了這二萬一千五百名受過嚴格訓練的士兵加入，塞多留斯在軍力上，無論是質或量都有相當程度的提升。塞多留斯仍然繼續游擊戰的策略是明智的。在龐培加入西班牙戰線之前，幾乎全西班牙都攪進了塞多留斯的游擊戰，羅馬軍根本無法正面出擊，致使戰況陷入膠著狀態。

此時，被蘇拉壓制一直想找機會東山再起的潘特斯國王米斯里達茲六世，向聲勢高漲的塞多留斯提議要組成共同戰線對付羅馬，也就是由米斯里達茲六世從東邊而塞多留斯從西邊來夾攻羅馬。為此他提議從塞多留斯手中借羅馬人將官以提升潘特斯軍的素質，而由米斯里達茲六世提供塞多留斯軍所欠缺的軍船。

塞多留斯雖然是鄉下出身，然而身為羅馬公民的一員，儘管他有心要反「蘇拉體制」支配下的羅馬，但他並不願與其他民族共同聯手來傷害羅馬這個國家。他斷然拒絕了潘特斯國王的建議，但是他願意派幾名將官前往擔任潘特斯軍的指導教官。

羅馬人即使彼此間發生內鬨，也不願與其他民族合作威脅自己國家的這一點，與當時其他民族完全不同。

當塞多留斯的威勢將要越過庇里牛斯山脈時，被派來平亂的龐培並不急著立功。才三十歲的這位總司令官，並沒有愚蠢地犯下不顧一切急驅戰線的錯誤。他首先從確保補給線著手。

即使是現代，經高速公路要從義大利的熱那亞到南法去，都不知要進進出出多少個隧道。古代高速公路的羅馬街道，雖然在進入帝政時代以後也多採用隧道，但那只限不挖隧道就無法穿越對面的情形。現代的高速公路與羅馬街道的差異大概就在活用隧道、環狀線道路的開發及徵收使用費用這三點了。

從義大利穿過南法到西班牙的街道，早在西元前一八八年鋪設多明滋街道後全線開通，但是這全部是傍海環繞而上。因為從熱那亞到現在的戛納全是連續斷崖。根據龐培他本人寄到元老院的信上說，他所鋪設的「並不是漢尼拔所經過的地點，而是對羅馬軍更有利的」新街道。這條路是從現在的杜林順著斯柴的峽谷穿越阿爾卑斯山，然後在進入高盧後轉而向西前進，到現在里昂南邊約三十公里處，通往隆河。如果再順著隆河南下到馬賽灣，就可再接上多明滋街道。由這街道向西推進到納邦，離庇里牛斯山脈就只剩下數百公里遠了。而龐培所謂的「對羅馬軍有利」指的是對軍隊的移動有利。

普通只要二個月就可走完的這個距離，龐培花了一年才走完。開道、鋪路，甚至在阿爾卑斯山內都蓋起警備基地。另外又將庇里牛斯山南邊受塞多留斯魄力影響而發生動搖的南法高盧民族，以羅馬屬省人民名義再度編組起來。他看出要在塞多留斯游擊戰法奏效的西班牙當地調度必要物資是很困難的；如果勉強要在當地做調度，恐怕只會將西班牙的人民全趕到了塞多留斯陣營。為了避免這種情形，首先要解決的就是確立從義大利來的補給線，以及徹底平定途中必經的高盧地區。

因此龐培正式加入戰線已是西元前七十五年的春天，羅馬方面很幸運的是，一直擔任對塞多留斯作戰的梅特魯斯．皮攸斯（意思是慈悲的人）有著如同他稱號般的人品，因此與新加入的年輕將軍間，並沒有發生一般常有的爭執糾紛。老將與新將採取兵分兩路包抄塞多留斯的戰術。即使如此，採用游擊戰的塞多留斯仍相當頑強。

兩軍交戰如採正面攻擊方式，無論好壞結果可立刻明朗化；相對的，不做正面衝突的游擊戰，往往勝負不分無限期地拖長，使淪為戰場的地區焦土一片。而一旦化為焦土，接下來一定會產生饑民，逼得一部份的男子投到任一方的軍隊以求溫飽。

西班牙戰線是塞多留斯為反抗羅馬霸權所引發的戰爭，根本與西班牙原住民無關，他們當然無法有與驅使塞多留斯反蘇拉體制相同的同仇敵愾之心。塞多留斯與統治者羅馬交戰，使得許多難民聚集到他陣營。託此之福，龐培到任的第一年，儘管羅馬這方展開了猛烈的攻勢，仍無法很快地解決。

那年的冬天，龐培寫信給羅馬元老院，請求增派援軍。下面是這封信最後四分之一的譯文。

「我軍與敵軍的狀況幾乎不分上下。如果羅馬無法給付士兵薪水，塞多留斯也無力支付。所以無論是我方放棄西班牙返國或是塞多留斯捨棄饑荒的西班牙前往義大利，義大利都籠罩在未支薪軍隊來襲的危險中。

因此，我向諸位提出忠告，向諸位懇求。懇請諸位不要逼我不得不放棄西班牙戰線。因羅馬軍與塞多留斯兩軍長期的交戰，『近西班牙』（西班牙東部）已全部荒廢殆盡。至今尚未受到敵軍侵襲的只剩下沿海各都市了。但是這些與羅馬關係良好的都市住民恐怕也無法再負擔更多的戰爭費用了。而南法的高盧屬省到去年為止，為我們分擔了對梅特魯斯的軍費及軍糧；但今年農作物歉收，要維持自己吃的食糧已屬不易。

我不但已花盡自己的積蓄，更為了要維持軍團而不得不向外舉債。我誠摯地懇求諸位，如果元老院不當機立斷全力支援西班牙的羅馬軍，那麼，戰場只好事與願違地從西班牙移回義大利了。」

這封信在第二年西元前七十四年初送達了元老院。是年，元老院內有蠢蠢欲動的米斯里達茲問題待解決，對要不要支援龐培也引起了正反兩面的爭議。但在蘇拉死後成為蘇拉派下第一人盧加拉斯的強硬支持下，終於答應龐培的請求，追派兩個軍團一萬二千名步兵加上二千名騎兵及軍費前往西班牙。

「塞多留斯戰役」最後還是花了二年的時間，勝負才見分曉。這證明了塞多留斯高超的戰術及運用複雜地勢進行游擊戰的有效性。戰役的結果是被逼得走投無路的塞多留斯軍發生分裂，因此而藉酒澆愁的總司令塞多留斯遭到副將貝魯貝納的暗殺。

除了反對蘇拉外，對羅馬是絕對忠誠的塞多留斯死於五十歲。如果不是他，塞多留斯軍根本不是羅馬軍的對手。在西元前七十二年入冬前，梅特魯斯及龐培兩將終於可以將「塞多留斯戰役」已結束的消息送到羅馬元老院。

元老院聽聞這個消息時與其說是感到欣慰，還不如說是鬆了一口氣。因為前一年的西元前七十三年，在羅馬所在地的義大利本土，有大規模的奴隸造反。這也就是歷史上有名的由鬥劍士所發起的「斯巴達克斯」(Spartacus) 之亂。

生於後代的我們接觸古希臘、羅馬文明，往往都是透過歷經二千餘年遺存下來的壯麗遺蹟或收藏於美術館的造型藝術，以及當成教育的一部份所受教的哲學、歷史、文學等。每個人接觸到這些智慧結晶，無不發出感嘆之詞。除了感嘆這了不起的發明（建設）外，也不禁心生疑問。他們既能建構起如此精煉的文明文化，又為何會有如此非人道的奴隸制度呢？

首先要聲明的，耶穌基督雖然說在「神」之前人人平等，但是他並未說連沒有「神」的人也一樣可享受平等。因此，歷來的史觀，從比古代應該要進步的中世開始發展的基督教文明，也沒有全面廢止奴隸制度。只不過是禁止基督信徒的奴隸化。所以即使我們說將猶太教信徒關禁在強制收容所，是非人道的，但卻不能說這完全違反基督教義。如同奧斯維茲集中營門前所揭示的歪理，不信基督教就沒自由的精神，所以要用勞動鍛鍊來換取自由。

不管信不信基督教，人有基本「人權」是起源於十八世紀的啟蒙思想。而主張廢止奴隸制度的法律從一七七二年義大利開始到一八八八年的巴西，花了整整一世紀。但即使訂定了法律，在人們心中、尤其是在無意識中並非真正摒棄將他人隸屬化。

話題再轉回古代，以西元前五世紀適逢全盛期的雅典為例，學者們所做的推算如下：

擁有公民權者——四萬人。

（限雙親皆為生於雅典的自由民且擁有投票權者的人數，不包括住在雅典之外國人及女人小孩。）

在商店、農場做工的成年男子奴隸——三萬五千人。

從事家務勞動的男女奴隸——二萬五千人。

奴隸生下的或是被買來做家務雜事的未成年男女奴隸——一萬人。

在礦山工作的奴隸——二萬人。

在希臘的雅典雖然承認由奴隸變為解放奴隸，但雅典的方式是，即使在雅典出生，只要雙親中的一方是斯巴達人或是他國人就不承認他的公民權。如此一來，不管是解放奴隸或是他們的子女，根本無法取得具投票權的雅典公民權。

將雅典奴隸的價格由高往下排，依序是如此：

一、專門性的技術工作者——醫生、工程師、高級用品的工匠（如陶瓷壺的彩繪師）。
二、一般工匠——店長、工匠、藝人。
三、有舞蹈或演奏樂器技能的女奴隸。
四、做家務的男女奴隸。
五、非技術性工人——在農場或礦山工作的奴隸。
六、小童奴。

從一到五的價格差別大約是四十比一。另外，擁有熟練技術的男奴隸賣價，是最低下層雅典公民一年收入的二倍到三倍。

羅馬與雅典不同，在西元前一世紀當時，羅馬已從都市國家型態朝領土國家邁進。學者對前一世紀前半的羅馬人口做了如下的推算：

擁有羅馬公民權的成年男子數——九十萬人。
住在已成為國家羅馬的義大利半島上，包括六十歲以上的老人、女人及小孩的自由民總數——六百萬人到七百萬人。
奴隸——二百萬人到三百萬人。

這個數目並沒有包括屬省民及奴隸眾多的西西里地區。但是並不清楚這二百萬奴隸確實所屬各個職業類別的數目。知道的是奴隸的價格。以最高的順序往下排分別是如此：

一、教師——教導羅馬良家子弟希臘語或辯論術的家庭教師是希臘人的獨占市場。如果賣價高的話，幾乎等於買下一棟羅馬市內獨棟住宅或拿坡里近郊的海濱別墅。既然做了如此的投資，想當然耳，雖然名為奴隸，所受的待遇當然不同凡響。羅馬的教師雖然規定不可處罰學生，但家長並沒有抗議孩子因弄錯希臘文的作文造句而遭到拉耳朵的處分等，可知教師奴隸的強勢地位。

二、專門的技術工作者——醫生、建築師、雕刻家、畫家。

羅馬人從自己人當中培養工程師，但相反的，他們會委任有技術的奴隸擔任雅典習慣由自己人所從事的建築、雕刻、繪畫、鑲嵌等造型美術工作。

三、高級技術者——指的是頭腦好，可以從事高級商業交易、擔任農場經管或主人祕書的奴隸。

擔任羅馬國政的政治家，在職位上通常要花不少錢，因為所有的高級官職都是由公民大會選舉決定的。因此，為了吸引選民的注意，錢多花在舉辦盛大競技比賽或是修復街道等公共事業上，而不是買票。但元老院議員卻被禁止有經營農場以外的收入，因此元老院議員大都會藉自己所信賴的奴隸或解放奴隸的名義，從事被禁止的通商行為或其他經濟事業以賺取「私房錢」。如果是不只能出借名義還能擔當實際任務的奴隸，在羅馬社會更是廣受歡迎。

其次，不限經濟活動而在其他方面能扶持主人的奴隸，也都要很高的價碼。附帶一提的是，編輯號稱羅馬第一知識人西塞羅著作集的就是擔任西塞羅祕書的奴隸。

四、一般的工匠——商店的經理、工匠、藝人、鬥劍士。

五、有舞蹈、演奏樂器等技能的女奴隸。

六、從事家務勞動的男女奴隸。但是比如廚師，只要出了名就被視為專門技術工作者，以高價交易。還有同樣是家務工作，管家、照顧小主人的奶媽或僕人在奴隸地位中較高，價格也較高。

七、非技術性工人——在農場、礦山工作的奴隸。

如果是家庭式規模的農場，農業奴隸的待遇就如同家庭中成員一般。但如果在大規模的農場或礦山工作的奴隸，則如同希臘雅典一般，被迫從事嚴苛的勞動。在有很多大農場的西西里之所以發生兩次奴隸的叛亂暴動，原因之一是對苛刻待遇心生絕望；另一個原因是牧羊工作能在山野自由走動所致，而飽嘗自由以後更容易強烈感受到失去自由的痛苦。

八、小童奴。

羅馬與雅典不同，最高價的奴隸與最便宜的奴隸價差是一百比一，這全因為希臘人家庭教師價碼太高。另外，西元前一世紀時的羅馬是地中海世界的霸權國家，因此奴隸的供給充足，購入也容易，又有充足的資金可用來做奴隸的投資。

羅馬奴隸的數目足足占了自由民的二分之一到三分之一，但令人吃驚的是，卻很少有奴隸起來造反。需要出動軍隊的只有西元前一三五年、前一〇四年以及前七十三年的斯巴達克斯的叛亂而已。前兩次是發生在有很多大規模農場的西西里，只有「斯巴達克斯之亂」發生在義大利本土。

羅馬社會之所以少有奴隸造反，主要是因為羅馬將奴隸視為家族的成員。第二個理由則是奴隸之間的階級化。受到厚遇的教師奴隸及專門技術者的奴隸大概不可能會與看羊的奴隸共組戰線。

第三個理由應該是羅馬階級間的流動性。在羅馬社會要成為解放奴隸並不是困難的事。只要成為解放奴隸，擁有相當的資產及繼承人就能取得投票權；而無資產者只要到了下一代，也能成為完全的羅馬公民。

羅馬人與希臘人不同，認為成年男子應將頭髮剪短、刮淨鬍子才合乎禮節。每天早上幫主人刮鬍子是僕人奴隸的工作。如格拉古兄弟及凱撒的例子，忠誠的奴隸到最後都選擇與主人共存亡。

如果要歸納羅馬社會的奴隸性格特色，概略來說，有富人性的至親關係，在社會上擔任積極的任務、奴隸間的多層化、取得公民權的可能性，以及主人與奴隸間互重信義的精神等等。

附帶一提的是，古代羅馬人為奴隸所下的定義是無權為自己決定命運的人。

依照這個定義，羅馬的屬省民也算是半個奴隸。是否這也導致擁有決定自己命運權利的自由民需服兵役，而奴隸或屬省民卻無法志願從軍。屬省民因為要繳納屬省稅，所以還負擔了資金面的自衛義務。而奴隸是兵役、稅金兩免。對於無權決定自己命運的人，自然不需盡任何義

由古代浮雕中模擬出戰鬥的模樣，為了加強視覺效果，武器顯得多樣化（摘自 J. Forman, *The Romans*）

務。

但是即使要盡義務，寧可自己決定命運的奴隸也大有人在。

在阿庇亞大道與拉提那大道交叉的加普亞是以鬥劍士訓練所集中處而聞名。這些訓練所是私營的，他們將從奴隸市場買來身強力壯的奴隸訓練成鬥劍士，當羅馬或其他城市舉辦擊劍比賽時將他們出租。比賽輸的一方雖然不一定被殺死；但如果觀眾認為打鬥過程不夠精彩，可能會要求將落敗的鬥劍士置之死地。從事擊劍比賽的並非全是奴隸，自由民中也有人以此為業。

出租鬥劍士的確實金額不明，但好像相當貴。西塞羅的好朋友、當代數一數二的知識人阿提克斯也在加普亞經營鬥劍士的訓練所。文化活動不談，從事經濟事業阿提克斯也只沾手有經濟利益的。經營鬥劍士的訓練所絕對是堂堂的營利事業。如同西班牙人喜好鬥牛，美國人喜歡拳擊般，羅馬人不過是承繼伊特魯里亞人熱衷擊劍比賽而已。

在加普亞的訓練所有一個以拉丁語發音叫斯巴達克斯的鬥劍士。他是出身於南接希臘馬其頓、東臨黑海的色雷斯(Thracia)奴隸，羅馬的霸權在這個時代還沒有發展到色雷斯。羅馬在拿下色雷斯為屬省後，不得不負起馬其頓北邊防衛的義務，造成在當地沒得吃、需轉移到易覓食地區的未開化民眾與想阻止此行為的羅馬軍之間屢次發生戰鬥；而斯巴達克斯就是因在此類戰鬥中敗北而被捕。

關於他是色雷斯王子的傳說應是言過其實。因為當時色雷斯地方尚未統一，也許他真是某部落的長子。不管真相為何，他確是具有領導天份的男子。

擁立斯巴達克斯為首的七十四名鬥劍士突然從訓練所集體脫逃，引發了「斯巴達克斯之亂」。由這群經常掙扎在生死邊緣的奴隸引起的這一段歷史插曲，吸引了現代人的興趣，無論是小說或電影都提到。以「斯巴達克斯」為名的電影，主演斯巴達克斯的是寇克．道格拉斯。而指揮斯巴達克斯討伐軍的克拉蘇由羅倫斯．奧利佛扮演。這部片子不能說演得夠忠於史實，但是具有現代風又從人道立場來描寫。片中反派角色當然是奧利佛所飾演的克拉蘇。觀看這類電影的愉快就在於才二十七歲的凱撒根本不可能有元老院議員的資格，居然也坐在元老院的議席上。更甚者，由查理斯．羅頓所扮演事事與克拉蘇對立，而對斯巴達克斯甚為同情的元老院長老議員的名字居然叫格拉古。

格拉古兄弟因為沒留下子嗣，年紀輕輕就去世，在他們兄弟死後格拉古就斷了後。但現代的歐美人想描述同情受虐者的羅馬人，只好打出格拉古的名號，這點相當有趣。這也證明格拉古兄弟年紀輕輕就慘死，但聲名已經流傳後世。

西元前七十三年，從加普亞鬥劍士訓練所集體脫逃的斯巴達克斯等七十四名奴隸，帶著訓練所內的武器逃進了聳立在龐貝城後的維蘇威火山。

當時的維蘇威火山距活埋龐貝城的大爆發還有一百五十年，因此並不是像後代成為一片禿山，而是山頂附近都是樹木茂盛，最適合當據守地點。

據守在維蘇威火山的鬥劍士首領是色雷斯人的斯巴達克斯，而副首領有兩人，都是高盧人，分別為克利克蘇及歐諾馬斯。至於加入逃脫的鬥劍士中又以日耳曼人為多。

儘管大家的出身地不同，但都是累積一身鬥劍訓練的男人。有了武器在手，一人可抵百兵，這些人成群結隊地下山，開始搶掠附近的農場。

羅馬政府最初小看了這場由斯巴達克斯所率領的鬥劍士造反，所以只派了不到三千名的討伐隊前往鎮壓，但是很快就被斯巴達克斯打敗。這個由奴隸的鬥劍士打敗了羅馬正規軍的消息還沒送到元老院前，就已經在那附近傳開了。在維蘇威火山南邊寬闊的坎帕尼亞(Campania)

地方，有很多大農場；在那裡工作的奴隸紛紛丟下鋤頭、鐵鍬，往維蘇威火山聚集。

這下羅馬也不得不認真應付；他們指派了由法務官率領的兩個軍團前去討伐，但是也同樣敗在斯巴達克斯手下。幾個僥倖逃過一劫的士兵帶回了兩個軍團幾乎全滅的悲慘消息。聽說斯巴達克斯還要被俘虜來的羅馬兵進行以前自己被羅馬人強迫的鬥劍比賽，以為報復。

與羅馬軍交戰兩戰全勝，使斯巴達克斯的名聲傳遍了南義大利。聚集而來的人已不只是從農場逃出的奴隸，也有很多做著與奴隸不相上下的勞動，但僅獲得每日溫飽的下層農民。會合了這些人的斯巴達克斯軍到了隔年西元前七十二年的春天，已經擴大到了由斯巴達克斯及克利克蘇分兩隊進攻的規模。據稱全軍有七萬人之多。

軍力增加對戰爭而言絕對是有利的；但是增多的軍力如果使指揮系統無法統一，反而容易陷於不利。他們兩人的問題在於斯巴達克斯並沒有要抵抗羅馬進而征服義大利的想法，只想越過阿爾卑斯回去故鄉。而克利克蘇則滿足於掠奪豐沛的南義大利。兩人之間的爭執愈來愈多。

另一方面，羅馬在西元前七十二年年中，痛下決心要鎮壓「斯巴達克斯之亂」。

西元前七十二年，兩位執政官都投入鎮壓斯巴達克斯。兩位執政官各率兩個軍團十五萬五千名士兵，分別對付斯巴達克斯軍及克利克蘇軍。

對克利克蘇軍之戰，成功地將他們逼入了加爾加諾山中，窮追不捨的兩位執政官所率領的四個軍團在阿斯科里皮伽諾附近，追上了斯巴達克斯。

但是斯巴達克斯在軍事方面的才能遠在平凡的羅馬將軍之上。色雷斯的鬥劍士並沒有犯下一次與四個軍團為敵的錯誤，他首先與由一位執政官所率領的兩個軍團開打，待一獲勝，立刻回身奇襲另一位執政官的兩個軍團。而且之後也沒停下步伐，持續北上到盧比孔河附近，與正從北義大利南下的高盧屬省總督軍相遇，也大獲全勝。對羅馬而言，這簡直是奇恥大辱，心頭大患。而對斯巴達克斯而言，這代表了歸鄉之路大開。

但是不知為何到了此時，斯巴達克斯改變了主意。當時，如果他要越過阿爾卑斯山向北前進，應該是不成問題；但是他突然移軍朝南方而行，這也是沒有忽略部下們的希望，因為大家都希望與其越過阿爾卑斯山回到北方未開發又貧困的土地，還不如征服豐裕的西西里，定居在那裡。但難不成他沒考慮到羅馬絕不可能允許。

無論如何，斯巴達克斯和他的四萬名士兵抵達義大利南端，一路上燒殺掠奪臨近的城鎮，雖然有些奴隸、下階農民加入軍隊中，但是卻沒有任何一個義大利城鎮歸順。

斯巴達克斯終究無法渡過墨西拿 (Messina) 海峽。由羅馬所派的法務官克拉蘇率領八個軍團五萬名軍隊正埋伏在海峽前方，等著圍捕奴隸。

已經四十二歲的克拉蘇雖然並沒有什麼特別的軍事長才，但他仍感受到被託付與八個軍團的重任；加上他又對比他年輕八歲的龐培有很強烈的對抗意識，因此倍感焦急。從西班牙傳回了「塞多留斯戰役」結束的消息，龐培凱旋歸來的日子也指日可數。等他凱旋歸來，對斯巴達克斯已傷透腦筋的元老院恐怕會用對塞多留斯戰役的勝將龐培取代沒什麼戰功的克拉蘇與斯巴達克斯作戰。

這也難怪，儘管已投入八個軍團約五萬人軍力，對斯巴達克斯的第一戰雖無重大犧牲，還是吃了敗仗。因此，這次以墨西拿海峽為屏障的戰鬥，對克拉蘇來說絕對輸不得。

克拉蘇決定嚴懲與斯巴達克斯打鬥中逃走的一中隊，以示警眾。他所下達的是名為「十分之一刑罰」的羅馬軍最嚴厲的懲處。這是從六百人的中隊中以抽籤方式選出六十人，由運氣好沒抽中凶籤的其餘五百四十人揮棒打死他們。在羅馬軍團這是只有在舉旗反總司令時才實施的懲罰。不知是否因此提高了全軍的士氣，居然一舉將欲渡過墨西拿海峽的斯巴達克斯逼到了山中。

被稱為阿斯普羅山（意思是險峻之山）的這個山岳地帶，雖然近海，但即使在現代義大利也是很有名的綁匪帶肉票避風頭的地帶，就算出動軍隊，也不容易找到。二千年前的克拉蘇為了追逐逃入那裡的斯巴達克斯以及其他的黨羽也倍嘗艱苦，但還好幸運女神站在克拉蘇這邊。斯巴達克斯不知是否對自己手下的四萬軍力太過自信，或是連戰連勝，使他低估了羅馬軍，居然自己下山了。另一說法是，他與西里西亞的海盜達成協議，打算搭乘為他們繞到布林迪西(Brindisi)的西里西亞人船隊，逃到小亞細亞去。

無論真相如何，從山岳地帶下山來的斯巴達克斯軍與埋伏等待他們的羅馬軍之間，發生了大規模的戰鬥。這次斯巴達克斯徹底失敗了。四萬名夥伴幾乎全員戰死，堆積如山的死屍當中，到最後還是沒找到斯巴達克斯的屍首。被俘虜的六千名士兵，被迫背上羅馬社會被視為極刑的十字架，在百般受折磨之後死去。奉克拉蘇之命，沿著阿庇亞大道排列的十字架行列，一直從加普亞開始綿延至羅馬。

克拉蘇領著八個軍團在六個月後終於有了戰果。在二個月後，龐培從西班牙凱旋回歸。

組織的好處在於無論誰是實行者都能保證有恰如其分的成果；相反的，它的不利處在於，當差不多的成果導致失敗時，共同體就得蒙受非常大的損失。因此，能忠於組織的時期，就僅限於平時。在非常時期，就算有心維護，現實經常不允許，一個具柔軟性的組織架構也更令人渴求。只是，世上再沒有比這更困難的事了！因為例外往往會引來下一個例外。

如果想繼續維持蘇拉致力修復的「元老院體制」，不讓個人的能力太過突出，派往前線的司令官就必須年年替換一次。

但是這既不是越過一個墨西拿海峽就到西西里戰場的第一次布尼克戰役時代，也不是本國義大利淪為戰場的第二次布尼克戰役時代。第一次布尼克戰役時，每一年都可更換總司令官及士兵；而在第二次布尼克戰役的十七年間，為了對抗名將漢尼拔，羅馬不得不每年投入平均十名的將領，因此只好接受由前執政官或前法務官輪流掌控「絕對指揮權」，守住戰線。但是因此反而沒凸顯出為使少數領導制達到機能化而絕對少不了的個人能力。在第二次布尼克戰役後半登場的大西比奧，因為戰果豐碩太過出風頭，以致於一回復平常期立刻失勢。在度過「漢尼拔戰爭」這個非常事態時期之後，執政官的任期決定回復每年改選的一貫作法，至今已實行了一個世紀。但是在北非發生的「朱古達戰役」，馬留斯打了三年。當高盧人大舉入侵時，不得不連續五年選出馬留斯擔任執政官。

此外，為了「塞多留斯戰役」，梅特魯斯被派往西班牙，在西班牙滯留了八年之久；而前往支援的龐培也有五年未曾歸國。盧加拉斯被派去對付在蘇拉死後再度蠢蠢欲動的潘特斯國王——米斯里達茲六世，直到西元前七十一年的此時，歸國之日依然遙遙無期。結果，他在近東 (Orient) 地區足足待了七年之久。總之，在缺乏才幹的指揮官領導之下，根本不可能發揮有效的戰力；而不能有效的活用，也帶來實際傷害。

羅馬的霸業此時已涵括了整個地中海世界。但是，這反而使想守住由元老院所主導的、羅馬獨特的共和政體變得難上加難。

「蘇拉體制」不符合現實的情形並不只發生在領導階級，被領導階級也出現相同狀況。司令官長守在外地，也就等於說他屬下的士兵也被迫駐留在外。一年不可能重複二次陸路要花上二個月的軍團移動。加上在將兵不融為一體就無法有效運作的軍隊裡，指揮官要一聲令下，士兵就確實行動的最有效方法就是長期共患難。

儘管說是志願募兵制，但是他們長年擔任守衛本國權益的工作，所以他們的發言權自然增大。一心想強化元老院主導體制，進而打壓易成為反對勢力的公民大會，以及削弱象徵公民大會權力的護民官優勢的作法，當然很容易在他們之間爆發了對這個「蘇拉體制」的不滿。

但是由於蘇拉為使護民官資質降低所定下的，凡有護民官經驗者皆不可轉任他職的這條法令，成效頗彰，在這個時期沒能出現任何一個能解決公民不滿、有力的護民官。結果，正視這個現實，察覺到需要有所開放的，便成了那些元老院中較具見識的一派。

當西元前七十五年西班牙「塞多留斯戰役」還前途未卜之際，高斯・奧雷留斯・寇達被選為執政官。奧雷留斯一門是連家中女流也通希臘文的有名的學者門第。在羅馬社會哲學、數學方面的學者全是希臘人獨占，因此所謂的學者指的是法律家。寇達自己本身也是個學識豐厚的法學家，而凱撒的母親奧雷莉亞也出自奧雷留斯一門。

奧雷留斯與格拉古兄弟所屬的善普羅尼斯一門同樣都是平民貴族。也許因為這樣，盡管位居元老院階級，但偏向開明派。而他之所以能躲過蘇拉的肅清，全是因為他堅守住學者的本份。

這位學者執政官在說服元老院議員之後，在公民大會提出了以下的法案。

第一，修正讓有護民官經驗者也能擔任其他官職，當然公民大會立刻通過這項法案。蘇拉計畫使護民官品質降低的策略考慮，就此失敗。

奧雷留斯・寇達接著又提出確保西西里所產固定數量的小麥進口到羅馬的法案；然後又恢復了由蘇拉廢棄的對貧民的福利策略「小麥法」。

往好的方面看，執政官寇達可說是個穩健派。他預設了由「小麥法」獲利的人數不得超過四萬人的界限。而且一個月的配給量，每一個戶主只有五模底（約四十五公升），這個數量與當時羅馬犯人的配給並沒有什麼大差別。然後依照寇達所立下的法令，給貧民的配給價格是每一模底六又三分之一的塞斯泰契斯銅幣。這個價格並不是回復到遭蘇拉廢案以前幾近免費供應的水準，而是回到格拉古兄弟時代的價格。據稱這是市價的三分之二弱或是二分之一強的程度。

學者執政官一方面貫徹他穩健的作法，另一方面也考慮要消除因蘇拉的整肅而存在於羅馬社會中的不平怨氣，而他也著手實現了這個政策。

蘇拉在拍賣沒收自名列放逐名冊上之人的財產時，買方所付的買價理當要納入國庫，但他卻頒布了法令，免除這項義務。這是因為競買者大都是他的解放奴隸，或是像克拉蘇一樣，是忠於蘇拉派的人馬，所以使這種拍賣變相成為紅利般的性質。蘇拉的壞毛病就在於他可以毫不在乎地做類似如此不合理的事情。

執政官寇達提出廢除此案的法令，也獲得公民大會表決通過。在拍賣中大撈一筆的，以克拉蘇為首的蘇拉派成員，只好繳付購買費用還給國家。寇達信守他在提出此案時公開許下的諾言，將這項臨時收入拿去當作西班牙「塞多留斯戰役」所用的軍費。

想要消除在蘇拉整肅中犧牲者的宿怨，以及免除羅馬社會的分裂，寇達又提出了以下的法案，也就是一項關於決定恢復因蘇拉而被視為羅馬國家公敵者名譽的法案。已經逝世的人雖然只得到了名譽上的平反，但對仍在世的人來說，恢復名譽等於擁有就任公職的可能性。其實這些人在一得知蘇拉的死訊，就達成了回國的心願，但是卻在成立了「奧雷留斯法」後，才得以重回社會。在這項法案的受惠者中，也包括了時年二十五歲的凱撒。

完成了這些事，寇達的執政官任期也告結束。在隔年西元前七十四年，寇達冠著前執政官的名號，赴小亞細亞俾斯尼亞就任總督。但是儘管飽讀詩書滿腹經文，一上了恍如另一世界的戰場，卻無用武之地。要對抗潘特斯王米斯里達茲還是要等到軍人出身的盧加拉斯大展身手。

「蘇拉體制」就這樣在蘇拉死後不到三年，開始走上崩潰之途。而給正在崩潰中的「蘇拉體制」最後一擊的不是別人，居然是不僅是他自認也是大家公認為蘇拉派的龐培及克拉蘇。特別是在蘇拉的幕僚成員中最年輕又最具才氣的龐培。

西元前七十二年停戰的「塞多留斯戰役」，兩位戰將中，敦厚的梅特魯斯忠實地遵守蘇拉規定的法規，到達羅馬國境的盧比孔河後，解散由他領導的軍隊。但同樣與他率軍歸國的另一將領龐培則不然。他從西班牙越過阿爾卑斯山，從西北向東南方越過盧比孔河抵達「阿爾卑斯以南的高盧」（現在的義大利北部）後，並沒有在當地解散軍隊。非但如此，他率軍越過盧比孔河，於首都羅馬近郊紮營，向元老院提出以下的要求。

一、贈予土地給自己指揮下的兵士將領。

二、答應為他舉行凱旋榮歸的隆重儀式。

三、認定自己為明年（西元前七〇年）的執政官候選人。

其實龐培在西元前八十一年已經舉行過凱旋榮歸的儀式，當時二十五歲的他是羅馬史上最年輕的凱旋將軍。但是，那是在蘇拉的獨裁時代，絕對權力者蘇拉創下的特例。

在扎馬戰勝漢尼拔的救國英雄大西比奧，也不過是在歸國後三十四歲時才實現這項羅馬男子視為最高榮譽的凱旋式。

在拉丁語中有一個詞叫做“Pubertas”，意謂年輕人思春期，於十六歲才舉行成人之禮到三十歲都屬於這個範圍。也就是說，他們是屬於尚未可以獨當一面的男子。

西元前七十一年時，龐培已經三十五歲。如果問題只在於年齡，他確實已有舉行凱旋式的資格。但是，問題出在蘇拉所實行的改革法令。

改革法規中明定必須於三十歲時得到審計官候選人的資格，經過一年任期後，也就是三十一歲，才可以得到入閣元老院的資格。之後，經過八年元老院議員的經歷，於三十九歲時獲得成為法務官的資格，並同時得到所屬戰略單位，指揮兩個軍團一萬五千名以上士兵的「絕對指揮權」。然後在任滿一年即自動升格為十個屬省中某屬省的總督，經歷一、二年統治與保衛屬省的經驗後，也就是經過這二年「絕對指揮權」的任期後，才可以在四十二歲時得到成為執政官候選人的資格。這就是致力於重建「元老院體制」的蘇拉政權改革的組織架構。

共和政體時代的羅馬政權被稱作寡頭政治，為權力集中在少數的領導政權，並非如雅典時代的民主政治。官職雖然經過公民大會選舉的洗禮，但是候選人卻全是從未經選舉洗禮的元老院出來。為了強化這個被喻為人體心臟的元老院，蘇拉將元老院議員人數擴增到六百人。由於這是一個擁有六百人的大組織，如不遵守上述的年資制度，就無法正常運作。西元前七〇年，已屆三十六歲的龐培，離四十二歲以上的執政官規定，尚欠缺六年的資格。

欠缺的不只是年齡。不具有審計官經驗的龐培，甚至不是元老院的議員，更不用說具有法務官的經驗。他的資歷如此不完整，卻被授與具有「絕對指揮權」的前法務官的職位，派遣到西班牙，實在是因為當時沒有適當人選所創下的特例。

但是這次，龐培並非要求為自己再創一次特例。他認為自己立下的戰績除了足夠擁有舉行凱旋式的殊榮外，同時已具備成為執政官的資格。

論實力，也許他有足夠的資格。但是如果實力主義可行，遵守年資制度而運轉的「元老院體制」就必須面臨崩潰。元老院對擁有重兵的龐培，剛開始持抵抗的態度，並且期待與龐培同樣屬於蘇拉派有力之士的克拉蘇能努力勸退龐培。因為克拉蘇是唯一在平定「斯巴達克斯之亂」後，在義大利境內擁有完整軍隊的將領。

但是，出乎意料地，從以前就對鋒芒畢露的龐培充滿嫉妒的他，不但不勸退龐培，竟然提出自己也要成為執政官的蠻橫要求。他不但沒有解散八個軍團的軍隊，竟然也效法龐培率兵行軍至首都附近。龐培也好、克拉蘇也好，也只有這一點仿效蘇拉。

克拉蘇是元老院議員，並且有法務官的經驗。年齡已屆滿四十三歲的他有充分的資格成為下年度執政官候選人。問題出在這個人並不受人愛戴。

出身於平民貴族的克拉蘇，屬於元老院階級。但他卻藉著解放奴隸或奴隸的名義廣泛經營被元老院明令禁止的農園經營外的經濟活動。

從他父親的世代開始，克拉蘇家族就是全羅馬的首富。到了他的時代，克拉蘇家族龐大的資產再加上首都羅馬的不動產，克拉蘇家將被獨裁者蘇拉放逐而遭沒收的家產以廉價併購，作為累積資產的手段。

除此之外，坊間盛傳只要羅馬有火災發生，克拉蘇手下的人總是趕在消防隊的前面。先到的克拉蘇手下給消防人員一些金錢上的好處，使他們延誤救火行動，然後在還燃燒的房子前與災戶進行交涉買賣，等乘人之危的交易成立之後，才放手讓消防隊員展開救火的行動。

如果因此可以將得到手的房屋改建成防火性高的堅固樓房，還稱得上對首都住宅問題有些貢獻，但是具有生意頭腦的克拉蘇並不這麼簡單。像羅馬這樣的霸權國家，首都房屋需求量自然很大。如果要重建堅固而華麗的樓房，需要投入大量的資金；除非提高房租，否則並不符投資報酬率。然而，能負擔這種高價位房租的居民畢竟是少數。不可否認的是，需求者最多的是尋求低價位的房租住戶。因此，全羅馬首富克拉蘇在羅馬首都圈擁有的龐大不動產，大部份都是搖搖欲墜，動輒倒塌的陋屋危樓。

這樣的人當然不可能獲得人民的愛戴。然而，克拉蘇本人卻深信身為全羅馬首富的自己與全羅馬最有政治權力者應該劃上等號。不過要想當選有八個席次的法務官雖不成問題；如果要在僅有兩席的執政官選舉中求得勝選，事實上也會擔心動員所有「後援者」是否太過冒險。

但是無論如何，想成為執政官的克拉蘇不會因此就罷休。長年對龐培抱持的心結也只好擺一旁，共謀權宜之計。這兩位皆受負面評價的執政官候選人於是私下訂立祕密協定。由具有元老院議員身份的克拉蘇，為爭取龐培成為執政官候選人在元老院內負責周旋，交換條件是將龐培手下士兵的票移轉給克拉蘇，因為在軍隊中龐培的聲望較高。在那個時代，不具備羅馬公民權的身份還不能投效軍隊，所以軍人握有相當的政權。兩人在這項協定成立後，分別解散了他們的軍隊。

重軍壓境的威脅解除了，元老院卻依舊無能。對根本不具執政官候選人資格的龐培，他們的審查技巧實在拙劣，元老院的長老議員詢問被召見的龐培：

「閣下可有參戰的經驗？」

三十五歲的龐培則不屑地回答：

「參戰的經驗？我只有指揮打仗的經驗！」

答畢，全場哄然大笑。

在西元前七十一年底召開的公民大會中，龐培和克拉蘇從其他候選人中脫穎而出，當選為明年的執政官，「蘇拉體制」再次受到嚴重的挫擊。

事到如今，元老院階層唯一的希望是從富裕的龐培和克拉蘇兩人身上圖得私利，但是，事情並沒有那麼簡單。

雖然已經財勢兼得，但為了進一步擴大支持群，在政治上求得更多的發言權來鞏固他們的勢力，他們並非任滿一年執政官即可滿足之輩。是的，為了維持權力慾望，他們不可能放棄廣大的支持民眾。

西元前七〇年，兩人提出的法案足以令保守派的元老院議員失望透頂。現在將他們頒布的法令列舉於下。

一、**恢復護民官絕對的權威與權力。**

執政官有召開公民大會的權利。公民大會是無論貴族、無產階級或中產階級，甚至擁有五歲以上小孩的解放奴隸，只要具有投票權的羅馬公民皆可參加的聚會，如果護民官因為國防等事務不在國內時，由法務官代理他的職務，但須由護民官擔任議長來主持平民大會，選出執政官以下的公職。西元前二八七年「霍田西法」(Hortensius) 頒布之後，平民大會通過的法案，即使沒有元老院的認可，也可以施行政策。而蘇拉將它改成沒有元老院認可的法令，即使平民大會通過也不予承認。

龐培和克拉蘇提案廢除蘇拉頒布的法令通過此修正案，「霍田西法」於是復活了。

二、**陪審團制度的改革。**

由於陪審團的構成與羅馬公民的利害直接相關，從最早提出改革此制度的格拉古時代，便經過一再地修正。

羅馬在改變成共和政體之後，裁定判決的陪審團成員全由元老院議員長期壟斷。到了西元前一三三年，提伯留斯·格拉古考量將陪審員修正為元老院議員一半，騎士階級（經濟界）一半。但由於他的死，這項政令並未落實。但是在西元前一二二年，他的弟弟蓋烏斯·格拉古提出另一項修正法——陪審團全由騎士階級擔任，已通過公民大會的決議。

西元前八十二年，蘇拉將此改回全數由元老院議員擔任。

到了西元前七〇年，奧雷留斯·寇達的弟弟重新提出此案，得到龐培及克拉蘇兩位執政官的積極支持，成立了陪審員由元老院議員、「騎士階級」、平民三種階級各三分之一組成的法令。

由此可以明確看出西元前七〇年當時，龐培及克拉蘇所代表的各個後援會，彼此互相謀利。龐培所代表的是以軍隊為中心的一般公民階級，而克拉蘇則為正明顯擴充勢力的商界利益代表。

究竟這兩人到底有沒有確切的政治目標和抱負，各歷史學家眾說紛紜，然而觀察他們日後作為，我實在看不出端倪。尤其是龐培於後期被視為「元老院體制」的守護者，所以他在此時期的施政，應不是真的為民眾謀福。

儘管如此，我並無意責難龐培。從他的角度看來，他只是做了他認為必須做的事情，以他的性格來說，他的作為背面也一定藏有為民眾造福的善意成份；只不過所謂的「認為必須做的事」，是一個選舉對策。而之所以汲汲於鞏固票源，全因為採取共同政體的羅馬，無論做什麼事都是以「票」來決定。

蘇拉是一個善惡分明的人，因此即使有人憎恨他，卻不敢藐視他。而他所抱持的政治目標，很明確地是要使「元老院體制」再活性化。他明白如果要實現目標，就不能受到「票」的左右。他一方面充滿懷舊情懷地相信如果能再重建「元老院體制」，一定可以解決國家羅馬所面臨的各項問題；另一方面也很現實地看透了，如果對此有所怠惰，也就是依照民眾的想法棄國家於不顧的話，只能走向君主制了。

希臘的歷史學家修西狄底斯 (Thucydidês) 曾批評伯里克里斯時代的雅典是「外觀雖為民主政治，但實際上有一個人在統治國家」。當獨裁者伯里克里斯死後，後代的我們甚至古代的羅馬都見到了，雅典陷入被稱為眾愚政治（不合理的民主政治）的慘狀。而不只哲學家柏拉圖 (Platon) 對雅典感到絕望。連修西狄底斯也在他的著作《伯羅奔尼撒戰史》中提到「民主政體不適合統治大國的」。光是民主政治並非保證絕對地好，民主政治也跟其他政體一樣，有正負兩面，全看如何運作；運作不當就相當危險了。

蘇拉自己鋪下了獨裁之路，也急欲確立一將排除未來走向獨裁的系統組織。因為採取共和政體的羅馬，只有獨裁官可以排除眾議，不受「選票」左右來決定政策。

歷史學家或政治家要求為政者要有明確的政治目標，是有它的道理的。因為沒有明確政治目標的執政，往往導致政策左右搖擺不定，結果造成了國力上的浪費。

但是如果將立場移到被統治者這一邊來看又是如何呢？恐怕都是抱著管他統治者到底有沒

有確切的政治目標，只要有好的結果就可以的想法吧！

西元前八十三年，蘇拉登陸義大利，決定要以武力打倒由辛拿執牛耳的羅馬政治。他公開發表願意遵守由辛拿所訂下的，只要是住在義大利的自由民即可享有與羅馬公民相同權利的法令政策。保守派的蘇拉絕不是因為這項法令正確而施行，只不過對想以武力鎮壓義大利的他來說，再一心與義大利人為敵是極為不智之舉。但是就結果來看，這對蘇拉來說是件好事，對住在義大利半島上的眾多人民來說更是，而對羅馬這個國家也同樣有好處。

而龐培及克拉蘇的施政，雖然對他們而言是在鞏固票源，但卻帶來了好的結果。隨著護民官權威及權力的恢復，帶給在蘇拉體制下遭到排外待遇的民眾榮譽及希望。還有陪審員制度的改革，也帶給屬省人民羅馬法律公正的印象。

住在羅馬屬省的人民，如果對從羅馬派來統治他們的屬省總督的施政有所不滿，可以提出告訴。不過實際上，即使提出告訴，在全由元老院議員獨控的陪審員判決下，幾乎都是敗訴。但在龐培及克拉蘇當上執政官的西元前七〇年，裁判變得大為不同。

是年春天，總督任期屆滿的高斯．維列斯從任地的西西里歸國。他在總督時代的暴政連遠在羅馬都時有所聞，西西里的屬省民向上告了維列斯一狀。

身為元老院議員的維列斯在元老院有很多有力的議員朋友。當時的被告辯護人由當選為隔年西元前六十九年度執政官的賀爾廷修斯擔任。當時賀爾廷修斯在羅馬是最知名、最優秀的律師。被告辯護人除了賀爾廷修斯外，還包括柯爾涅留斯、梅特魯斯這些有權有勢的名門貴族在內。

而擔任原告辯護的為當年三十六歲的西塞羅。他所作的辯論全文，在裁判一結束，就由他經營「出版社」的朋友阿提克斯出版。此文很幸運地得以保存到中世，所以現代的我們也得以一窺全貌。這是場很符合三十六歲的少壯律師所提出的有力而傑出的辯論，同時不得不令人感佩此人有記者長才。

這比在美國的法庭聽美國律師的辯論還更有趣。西元前一世紀當時的西西里彷彿浮現眼前，想必在羅馬廣場內大會堂旁聽裁判的羅馬一般平民，對西塞羅所生動描述的西西里的情況一定也是彷彿歷歷在目。

但是，決定判決的不是法庭旁聽者，而是陪審員。如果當時「蘇拉體制」發揮作用的話，身為元老院議員的他們想斷然拒絕對同為議員的被告做出有利的判決恐怕是很困難的。但是，西元前七〇年的法庭陪審員席次是平均分配給元老院議員、「騎士階級」（經濟界）及平民。結果，判決由屬省民這方獲勝，這個消息傳遍了全羅馬屬省。被告維列斯被判全數歸還在總督時代所搜括的東西，雖然得以免除被關進牢中的命運，但要他自主流亡。

這一場裁判使得既非貴族，祖先中也沒出過執政官的「新進者」西塞羅，一時聲名大噪，為野心不小的他，打開了通往政界的大門。

西元前七〇年，如此這般成了「蘇拉體制」正式落幕的一年。離蘇拉之死不過才八年，他所架構出的組織系統全部崩潰殆盡。恐怕除了奧雷留斯．寇達之外，沒人是蓄意要破壞的。只不過因應現實的要求，為「蘇拉體制」的崩潰幫了個忙罷了！

蘇拉縱使擁有成為領導者的資質，但似乎欠缺了前瞻性。

龐培不惜破壞「蘇拉體制」成為執政官，但是在一年的任期中，並沒有表現出任何戀棧權位的舉動，這點忠實地服從了蘇拉的規定。只是在就任執政官期滿之後，必須以前執政官身份轉任屬省總督這項規條，他卻沒有忠實地實施。因此他在這段期間的行為舉動被評為沒有確切的政治目標。

但是站在龐培的立場，並不難了解他的作法。任何人都公認他為當時羅馬第一武將，而他必須前往赴任的屬省，在西元前六十九年當時只有小亞細亞，也就是說西元前六十九年羅馬須派軍平定的地區只剩下近東而已。其餘屬省大多已經平定，皆無需大材小用派遣龐培前往。而在西元前七十三年，早有相當是龐培前輩的蘇拉旗下盧加拉斯派駐在近東。

領軍的總司令可分為以下三類：

一、自己為總指揮官，自始至終都親自督戰。

二、不是由自己開戰，卻在自己手中結束戰爭。

三、由自己做總指揮開戰，而且具勇敢好戰的精神，但是由其他的將領結束戰爭。

蘇拉、龐培還有凱撒都屬於第一種類型。

而馬留斯可說是第二種類型。

至於在「朱古達戰役」中的梅特魯斯、「塞多留斯戰役」中的梅特魯斯・皮攸斯都屬於第三類型。而盧加拉斯從西元前七十三年開始到西元前六十六年，七年間專心於對付米斯里達茲戰線，戰鬥上雖有所勝，卻沒贏得戰爭，所以也歸於第三類型。

盧加拉斯是出自平民貴族英雄里奇紐斯一門。不過他不像同屬里奇紐斯一門的克拉蘇，會為了增加自己的財產不擇手段，而是深具貴族紳士氣度。希臘語及拉丁語無論說寫都得心應手，有獨特的審美觀，風度翩翩。

盧加拉斯很年輕時就獲得蘇拉的賞識，他的政治經歷起源於「同盟者戰爭」中擔任蘇拉的幕僚。之後跟著蘇拉遠渡希臘，與潘特斯王米斯里達茲六世作戰。蘇拉將編制海軍的重責大任委託給才二十多歲的盧加拉斯，而在種種現實困難狀態下，盧加拉斯也不負所託地達成此任務。率著費盡千辛萬苦才募集而來的軍船要回到蘇拉麾下時，在途中愛菲索斯暫作靠岸休息，與奉辛拿之命率領羅馬正規軍前來對付蘇拉的弗布羅斯不期而遇。弗布羅斯規勸盧加拉斯帶著他的軍船隊，投效到自己這邊。當時的蘇拉是被由辛拿主導的羅馬政府指名通緝的國賊，身為羅馬公民的盧加拉斯有充分理由背叛蘇拉。

但是三十歲的盧加拉斯對弗布羅斯的勸誘絲毫不為所動。為回到引頸長盼軍船到達的蘇拉麾下，離開了愛菲索斯。如果當時盧加拉斯的軍船倒向弗布羅斯，那麼蘇拉對米斯里達茲之役也不會那麼快就有戰果出現。可見得盧加拉斯多麼崇敬比他年長二十二歲的蘇拉。

而蘇拉對盧加拉斯的信賴也未曾動搖過。將米斯里達茲問題解決之後，這次是要回義大利與辛拿對決。在返回義大利時，派盧加拉斯留下以便監視小亞細亞地方。蘇拉已經預測到回義大利勢必與辛拿派引發一場內戰，帶著驍勇善戰的盧加拉斯絕對是有利的。但是當壓制義大利之際，蘇拉缺了一張王牌，就是對米斯里達茲之役的戰勝者。為了讓這張王牌恆久有效，得看他離去後小亞細亞地方是否能依然平穩。盧加拉斯因此被賦予這個大任。

成功完成任務的盧加拉斯在西元前八〇年回到羅馬，那時正值蘇拉獨裁時期。那年，一手創建「蘇拉體制」的這位獨裁者自己請辭了獨裁官；隔年，蘇拉去世，而盧加拉斯時年三十八歲。對蘇拉懷抱崇拜的盧加拉斯在元老院內是屬一屬二的當權者；他如果想競選為執政官，應該不會辦不到，但他還是忠實地遵從蘇拉所定下的法令，靜候到達四十二歲的資格年齡。在西元前七十四年，盧加拉斯當上執政官。

當上執政官的盧加拉斯在任期內並沒有很大的作為。在前任執政官奧雷留斯．寇達手中，「蘇拉體制」已經受到相當程度的破壞；盧加拉斯甚至沒有把它扶正，因為盧加拉斯原本就不是政治人才吧！

西元前七十三年，盧加拉斯以前執政官資格出任屬省西里西亞總督。然後，有長達七年的時間沒有回到羅馬。因為蘇拉負責了「第一次米斯里達茲戰役」，而盧加拉斯則被派赴「第二次米斯里達茲戰役」前線。

從前潘特斯王米斯里達茲只要一見到羅馬分身乏術，立刻就展開侵略行動；而西元前七十三年，對羅馬來說是災難相踵而繼的一年。

在西班牙因梅特魯斯的戰事僵持，只得再派龐培前往支援，但這場「塞多留斯戰役」還仍然前途未卜。再加上義大利本土境內也發生了「斯巴達克斯之亂」。

米斯里達茲怎會輕易放過如此千載難逢的大好機會。他以十二萬名步兵、一萬六千名騎兵以及一百輛由四匹馬拉動的附鐮刀兩輪戰車的陣容，大舉進攻鄰國俾斯尼亞。

與潘特斯一樣，面臨黑海位於小亞細亞北部的俾斯尼亞，由於以前國王曾進貢羅馬，而成為羅馬的屬省。米斯里達茲正面挑戰羅馬的霸權，而且在與轉任俾斯尼亞總督的奧雷留斯·寇達所指揮的第一戰中，由潘特斯方獲勝。

但在開戰之初陷入苦戰，好像已成了羅馬軍的傳統。當盧加拉斯到達時，一切便完全改觀。面對潘特斯的大軍，盧加拉斯所擁有的兵力只有三萬名步兵及二千五百名騎兵。而羅馬軍之所以勝利，證明了盧加拉斯優秀的作戰手腕。即使之後米斯里達茲又整軍重新出擊，依舊被盧加拉斯打敗。不同於與游擊戰對手交鋒時的吃癟，羅馬軍反而擅於對付正面來攻的大軍。因為在戰略、戰術兩方面，都是羅馬人較優秀。但是驍勇善戰的盧加拉斯，在二度獲勝後並沒有立刻乘勝追擊徹底打垮潘特斯王，而選擇了展現自己是有能力的行政首長，致力於整頓被米斯里達茲摧殘的小亞細亞屬省內政。

羅馬將屬省的租稅徵收的任務全權委託予所謂的「普布利加努斯」，他們是私人業者，不屬於國家公務員。其中也有人所得的收入與元老院議員相當或超過他們。在羅馬社會稱這些位於元老院階級和平民階級之間的人為「騎士階級」，這代表有提供騎士義務的資產家的意思，我則常將它意譯為經濟能力雄厚者。騎士階級的主要工作就是徵收屬省稅，而所徵收的利益就是屬省稅的一成。

不過，這些負責徵收屬省稅的「公務代理人」，他們的收入絕不只是稅收的一成。有時碰到天公不作美，農作歉收或淪為戰場，農作減收之時，屬省稅還是比照前一年的收穫計算徵稅，因此即使沒農收也要繳稅。這時「公務代理人」就當起錢莊來，借錢給繳不出稅的人，這也是最有賺頭的。當時並沒有既定的利率，遇到不過問事情的屬省總督，往往放任他們放高利貸。

第一次米斯里達茲戰役後，蘇拉向小亞細亞的屬省民徵收二萬泰連的臨時租稅；但是十年後，當盧加拉斯接手整頓屬省那年，拜高利貸所賜，租稅已增至十二萬泰連。盧加拉斯統治小亞細亞的第一個工作就是幫助屬省民擺脫高利貸的夢魘。

身為屬省總督的盧加拉斯，以自己所賦予的統治屬省絕對主權為後盾，強力推行金融改革。

一、將繳付給「公務代理人」的利息定為一個月百分之十。這相當於百分之十二的年率。

二、無論對方需付的金額有多龐大，貸款業者都不得要求借款人支付超過一年收入的四分之一以上。盧加拉斯的這道政令，使得四年後在小亞細亞地方的羅馬屬省民中，再也看不到受貸款所苦的人，大多數的擔保也回到了原物主手中。

屬省民的人心因此回到了羅馬，但是盧加拉斯卻從此與在屬省大發橫財的金融業者為敵。他們祕密地開始向元老院陳情。不知是否因此，或是當時的羅馬也沒有餘裕派遣更多的兵力，奉命負責第二次米斯里達茲戰役的盧加拉斯，根本沒得到母國派來的支援。

盧加拉斯所能運用調度的軍力，僅有相當五個軍團的三萬名步兵及二千五百名騎兵。這是從義大利追隨他前來的一個軍團，加上將原小亞細亞屬省總督下的士兵湊集而成的兩個軍團，以及原本辛拿派來對付蘇拉，但在總司令官弗布羅斯自殺後，被蘇拉留下守衛小亞細亞的兩個軍團。這兩個屬於舊弗布羅斯的軍團，已有十五年以上未曾回到故國，他們的心境，很容易想像。

但是更不幸的，盧加拉斯雖然擁有武將的長才，又有做行政官的能力，卻沒有遇到好的女人及好的部下。

他的家庭生活一生都很不幸。在還沒有基督教時代的羅馬社會，當然盡量避免離婚；但是即使離婚也不能算是大惡。特別是普遍存在上層階級中的政治結婚，連蘇拉、龐培、凱撒都結婚、離婚了好幾次。但這並不代表是不幸的家庭生活。在結婚期間，應該也有很幸福的時光。在度過幸福的結婚生活之後即使是離婚，也不致太苦。因為選擇結婚對象有如政治抗爭中的結盟關係。因此，離了婚的女人，也可以光明正大地再婚。

然而盧加拉斯是不幸的。在成為他妻子的女人中，沒有一個女人的心在他身上。連他長期滯留在中東，都讓人覺得這對他個人來說並無任何不妥。而女人運及部下運基本上是相同的。

如果問其中的道理何在，因為人類的幸福並沒有客觀的基準。如果局限於精神方面，只要有交流就可使人幸福。而所謂「交流」並不是一起共渡的時間愈多，交流度就愈高。總之，因為基準是很主觀的，只要讓對方感到交流充足就夠了。

盧加拉斯努力與士兵們打成一片，不管行軍或戰鬥都搶在前頭，而到了不得不在野外駐營的地方，貴為總司令的他也與士兵一樣露宿野外。儘管如此，士兵們還是對他有所不滿。只不過他屢戰屢勝，因此就算心裡不願意，也只好追隨他了。

實際上，他只要參與戰爭一定打勝仗。而且，贏得又漂亮。通常他都以只有敵人十分之一的軍力，就可成功獲勝。

兩次戰爭都敗在盧加拉斯手下的潘特斯王米斯里達茲，進入西元前七〇年以後改變了戰法，他與亞美尼亞王成立了聯合戰鬥體制。這並非因為亞美尼亞王的王妃是米斯里達茲的女兒的緣故，一國之王絕不可能因此就出兵對付羅馬。而是兩人之間達成了協議，只要將羅馬勢力趕出中、近東之後，此地的勢力就由兩人平均瓜分。潘特斯王分得希臘，而亞美尼亞王則可占有敘利亞及巴勒斯坦。亞美尼亞王拒絕了盧加拉斯希望將逃到自己這裡的米斯里達茲引渡的要求，從此盧加拉斯又樹立了新敵。而絕少的軍力也只能再一分為二了。

等著迎接羅馬軍進攻的亞美尼亞國王，在看到於平原布陣待發的羅馬軍隊時，不禁嘲笑地說：

「如果這是要來講和的使節團，人數未免過多了些；如果這是要來打仗的軍隊，人數又未免太少了。」

但是相對於總兵力十二萬五千名的亞美尼亞軍，只有一萬二千名步兵加上三千名騎兵的盧加拉斯軍卻大獲全勝。因為盧加拉斯善於運用最少的戰力，不做無謂的浪費，將敵方的戰力孤立，再一舉進攻。這是繼大西比奧之後，羅馬將軍最常用的兵法。戰爭的結果，亞美尼亞這方有十萬多人戰死；而盧加拉斯指揮的羅馬軍所犧牲的兵力，只有死者五人，加上不到一百人的傷者。如此漂亮的戰果比起他所受教的蘇拉，可謂青出於藍更勝於藍。而且這並不是單一事件。常勝將軍的盧加拉斯又向小亞細亞的東方進軍，勢力一直擴展到裏海；這是自亞歷山大大帝以來，首位率軍遠征到此地的西歐人，當然也是擔任羅馬公職中的第一位。

不過盧加拉斯仍然無法徹底平息對羅馬而言中、近東的最大禍源——米斯里達茲的作亂。

因為士兵們已不願再繼續從軍作戰了。盧加拉斯在不得已之下，只好回到位於底格里斯河上游亞美尼亞國的首都提古拉諾可達。從此盧加拉斯的厄運就開始了。

盧加拉斯一直都對自己優秀的才能充滿了自信，其實這不是不好，只是他覺得既是自己能忍受的，士兵也必定能忍受才對。為使士兵們忍受在夏天的沙漠或冬天的山脈中行軍，其實是需要採取一些手段取得大家的共識；但是盧加拉斯不了解這種「溝通」的重要性。他認為沒有必要對士兵說明戰略或戰術的細節，但是士兵們覺得沒有參與感，當然也就不會有好的結果。盧加拉斯一味深信，一切只要交託給自己就會有好戰果，卻疏忽了為提高士氣所需的心靈溝通的重要性。

不只是總司令與下屬在精神上沒有相通，戰利品的分配上也各有意見。當時的中東地方與西班牙、高盧不同，物質生活比西歐更豐盛，戰利品的質或量都有很大的差別。受到希臘文明的影響，分布於全中、近東地區的希臘美術工藝品或中東專制君王所擁有的豪華用品及金銀貨幣，在戰利品中占了絕大部份。

盧加拉斯將銀幣均分給了部下，但是把美術工藝品都歸為己有。他認為身為一般平民的士兵是不會懂得這些東西的價值。盧加拉斯的判斷是否正確？而藉由懂得價值的盧加拉斯將它們送至羅馬，這些屬於全人類財產的藝術品中，又到底有多少可遺留到後代呢？

不過在這種情形下，應該也要對一般的士兵採取安撫不滿情緒的處置才對。例如，不以羅馬軍所規定的定量分配方式，偶爾也要大方犒賞。

但是盧加拉斯沒這麼做，甚至將納入國庫以外的金幣都占為己有，認為這是總司令官應得的報酬。的確，數次戰爭都能以僅占敵方十分之一的軍力就獲勝，這全歸功於指揮者的才能。但是只用道理來壓士兵，是無法使共同體圓滑運作的。曾經有好幾次滿載美術工藝品準備返回羅馬的馬車，遭到了士兵們的突襲。

經過這些事情之後，盧加拉斯仍對自己的才能深具信心，也相信自己的作為都是正確的，只要加以說明，相信大家都能了解。因此召集了手下的士兵，告訴他們現在是剷除米斯里達茲的最好時機，期望勸服大家。不過士兵卻認為盧加拉斯一心只考慮要中飽私囊，不願再跟從他了。結果雖然一路進攻到了裏海，但為恐士兵造反，所以盧加拉斯軍節節後退。羅馬軍沒吃敗仗，自己卻不斷往後撤退，就屬盧加拉斯軍開了先例。這時，米斯里達茲因村子的叛亂，無力出兵攻擊，算是救了四十九歲的盧加拉斯一命。花了整整七年的第二次米斯里達茲戰役，在不分勝敗的情況下就此宣告結束。

另一方面，待在羅馬三十九歲的龐培，也不再安於首都安寧繁華的生活，準備再度展開積極的活動。

地中海雖然有遼闊的面積，卻是個內陸海，風向時常改變；但因複雜的地形和蒙受入海江流之惠，常有順風而行的好時機。地中海不僅沒有成為人們通行的障礙，還能順利航行。與其說是便利運貨船的航行，其實對襲擊運貨船為業的海盜而言，更是一種便利。在地中海中，幾乎可以說海盜是伴隨著海水而生的，這是自古以來沒有中斷過的現象。

對非海洋民族的羅馬人而言，海盜的問題並不是長久以來嚴重的問題；不僅沒有海盜的存在，對羅馬人來說甚至絕少有出海的機會。然而，隨著接收環繞地中海諸國的霸權之後，羅馬人出海的頻率逐漸增加。隨著出海頻率的增加，這些僅有睥睨自國近海力量的國家開始衰退，西元前一世紀的前葉為過渡時期。

海盜們以小亞細亞東南部的希臘為大本營，這並非偶然，因為這一帶是權力的空白地帶。這地區曾經為霸權所籠罩，敘利亞的塞流卡斯王朝已無昔日的威風。羅馬雖然每年持續派遣屬省總督來到當地，但如總督盧加拉斯時的情形，他們的力量被米斯里達茲所抗衡，一方面受制於面海的窄崖，陸地方面又逢艱險難行的要塞；要攻占他們是一點餘力也沒有。另外，從小亞細亞至敘利亞、巴勒斯坦的中偏東一帶，諸國年年紛爭不斷，慘敗的人向海盜投誠，成為海盜最佳的人才來源。

理所當然的，他們建立組織，收集情報，掌握了地中海世界，充分利用地中海世界的種種變化。在西班牙境內興起反羅馬戰役時，塞爾杜盧斯和義大利境內的鬥劍士策劃與他們並肩作戰。鬥劍士斯巴達克斯是其中最受注目的一個。

海盜不僅侵襲船隻、掠奪物品，還拘捕船員、舵手和乘客，願意付出贖身錢的在付出贖身錢後也就獲得自由，沒有付錢或贖身錢無法到手的人，就一律被販賣為奴隸。

只是，像海盜這種「純粹」的掙錢行為，在決意對羅馬採取大驅逐戰之後，卻變相為大規模的集團。提供資金援助他們的則是潘特斯王。就米斯里達茲的角度看來，羅馬派遣載滿軍隊和武器的船至東方攻擊海盜船，就會受到牽制而不良於行，而他就可以在近東地區為所欲為了。

由於豐沛的資金流入，海盜的裝備也大大的改變了。船隻變成了快速船，資深航行員成為受僱者，使得冬季也能出海。臨海一帶的人，以往在冬季能稍稍放心自在，現在連這一點奢望也不可能了。另外，除了希臘的大本營以外，他們已在地中海周遭擁有許多的基地。如此一來，就搖身一變成為組織完備的大軍事集團。

不僅是羅馬的船隻，甚至連與羅馬友好國家的船，被襲擊的機率也特別高。海盜們連義大利半島也不放過，有時走在靠近海岸的阿庇亞大道，都會被馬車隊襲擊。停泊在距首都不到二十二公里的外港奧斯提亞港的船隻被侵襲，就在港內眾人目光睽睽下，乘客及任何東西無一倖免於難。其中最受人注目的就是連上流社會的人也在船上遭海盜侵襲，直到付了贖身錢才終於被釋放的例子。在這之中，也包括了年輕的凱撒。

於是，人員和武器無法送達屬省，地中海的物資流通受到阻礙，甚至也無法保證小麥能運送至羅馬，這是不可等閒視之的問題。

或許這是龐培自己私下也意想不到的事吧！西元前六十七年，為了討論這個問題，召開了公民大會，當年的護民官蓋比紐斯提出了驅逐海盜的作戰計畫。護民官的構想細密周全，因此十分有說服力。護民官蓋比紐斯的驅逐海盜作戰計畫規模如下：

一、僅投入十二萬重裝步兵與五千騎兵所組成的二十個兵團。
二、投入軍艦五百艘。
三、總司令官以下由他任命，並分配十四位元老院議員為幕僚。
四、總司令官的作戰區域不僅包括海上，也包括海岸向內八十公里的陸地範圍。
五、決定此次作戰所需資金為一億四千四百萬塞斯泰契斯。
六、選出龐培擔任總司令官。
七、給總司令官三年期限來結束此一戰役。

對龐培來說，這是個史無前例的任務，他左思右想，真是件破天荒的事。依據學者們的推斷，當時羅馬的國家預算，大約是二億塞斯泰契斯，所以他們把一半以上的資金，都投入於驅逐海盜的作戰上。雖說羅馬人一旦決定事情，就會貫徹執行，但這是個很大的決心。只是，將這樣強大的權力在三年間僅賦予一人，因此，體現共和政體的元老院理所當然地群起反對。

賦予一個人如此的大權，受到排斥獨裁制的「元老院體制」反對，蘇拉定的法律也禁止如此。

不僅不該賦予這樣一個獨攬大權的獨裁官，而且三年的任期也太長了。

即使暫時認可獨裁官，獨裁官在羅馬國境外（也就是義大利半島以外）行使職權也是史無前例的。

龐培時年三十九歲，成為違法的執政官是特例，這次又添了一個特例。羅馬的共和政體是不允許有特例的。

龐培等不及七年之後再參選執政官，他為了滿足個人野心而想出這個辦法，不得不教人認同。

在元老院議員之中也有贊成的人。當年三十九歲的西塞羅，以向社會的邪惡宣戰為名，贏得了裁決。另外一位活躍於政界，時年三十三歲的凱撒也贊同此提案。而擁有「投票權」的一般公民，早已希望羅馬政府無論如何想個辦法解決這個大問題。

護民官蓋比紐斯的提案在公民大會中獲得壓倒性的支持而通過。正巧此時，羅馬的糧食市場上一向居高不下的小麥價格急速滑落，「蘇拉體制」到此已消失殆盡了。

針對龐培對海盜的驅逐戰，後世的軍事戰略家一致讚賞，這是自不待言的，即使是戰略的藍圖也堪稱傑作。

首先，他將地中海全域區分為十三個作戰海域，每個海域裡，分派了由正、副軍團長所指揮的實戰部隊。龐培本身則率領六十艘軍艦，指揮於海域中狙擊敵人的游擊部隊，提供必要的支援，因此他常留守於前線地區。

十三個作戰海域中，當然針對海盜的基地以及周遭的海洋。作戰的期間分為前後兩期，前期的重點定在西地中海；由較弱的敵人打起，這是戰略戰術的根本。他們持續於海上追逐相遇的海盜船，進行海洋戰爭；海盜逃向基地時，卻又發現基地已遭陸戰毀滅，於是徹底執行了一掃而空的策略。他特別加強西地中海域對海盜的打擊，於是西班牙近海、利比亞近海、奈及利亞和薩丁尼亞島的近海、耶巴島中的第勒尼安海等區域，完全將海盜壓制住。至此所花時間，據說是四十天。

羅馬軍艦隊自西地中海一舉掃除海盜後，逃竄的海盜船彷彿被漁夫的天羅地網追趕般，向東地中海蜂擁而入。接著，隨著北達愛琴海、南至埃及、東到敘利亞、巴勒斯坦，所有的海盜基地逐一淪陷，縮小漁網的範圍，矛頭指向小亞細亞東南部的希臘。

戰線移向東地中海後到攻陷海盜的希臘總本營為止，總共花了四十九天。龐培確立了「羅馬和平」(Pax Romana) 於全地中海的地位，只花了不到八十九天的時間。在那期間，捕獲的海盜船有四百艘，燒毀沉沒的船有一千三百艘。海盜基地的造船廠、要塞全部被破壞燒毀，處決了逃竄的海盜一萬人，擄獲了二萬名以上的海盜；被海盜所拘捕的人，當然也恢復了自由。那一年，也就是西元前六十七年的初夏，地中海的航行變得十分安全，輸往義大利的小麥也恢復以往的數量。

龐培在羅馬的名聲當然是急速上升。而神殿遭海盜侵襲，連都市都飽受掠奪而幾近絕望的希臘人，更將龐培尊奉為神般讚美。

在被賦予「絕對指揮權」的三年行使期間，龐培只用了不到三個月就圓滿達成任務。如果他忠於「元老院體制」，在凱旋回歸羅馬後，就應該奉還「絕對指揮權」，恢復昔日晴耕雨讀的生活；如果不這樣的話，以元老院為名，由少數優秀人士所主導的羅馬共和政體，就無法堅守下去。

但是，三十九歲的龐培並沒有這樣做；況且，時代也沒有這樣要求他。現在在希臘地方，大概只聽命於龐培吧！而在羅馬，護民官蓋比紐斯再度召開了公民大會，討論接下來的提案。

中東戰線的最高負責人盧加拉斯卸任，選出龐培取而代之；同時，龐培可以將他擁有的「絕對指揮權」在必要時期延長，鎮壓中東一帶紛爭之源——潘特斯王米斯里達茲的重任全委託於他。

這件事也遭到元老院議員的多數反對，反對的理由也與驅逐海盜時相同；贊成的人這次也是西塞羅和凱撒。然後，在公民大會上，全部共三十五個選區都投了贊成票，一致通過蓋比紐斯的提案。在小亞細亞方面，不滿盧加拉斯斷然實行金融改革的「騎士階級」（經濟界），這次完全倒向公民大會；元老院已經被孤立，同時也無能為力了。

從希臘北行小亞細亞，不從地中海而朝黑海方面行進途中的內陸地區為卡帕杜西亞；它的西鄰處，有個地方叫加拉太。

盧加拉斯和龐培在那裡碰頭了。新舊總司令之間，有轉移指揮權杖的必要。年長十歲的盧加拉斯對龐培而言，是蘇拉門下的前輩。兩人之間以外交形式的辭令互相寒暄，營造了一股友好投合的氣氛為開場。盧加拉斯讚賞龐培在驅逐海盜方面的卓越功績，龐培則稱讚盧加拉斯是羅馬的公職人員中最早到達裏海領域的人。只是，兩人很快地就無法自我克制。龐培譴責盧加拉斯的吝嗇和貪婪，盧加拉斯也將龐培比喻為橫刀奪取已收穫的成果。然而，不管雙方如何互相譴責，握有權力的人終究是龐培，勝負從一開始就非常清楚了。

龐培問即將解任歸國的盧加拉斯是否有舉行歸國後凱旋式的必要，他願意從接手的軍團兵中，撥出一千六百人讓他帶回。然而，在港口等待乘船的盧加拉斯眼中，這些人不是一群沒有戰鬥力的老兵，就是一些身受重傷的士兵，再不然就是一些比海盜素質更差，不知服從的烏合之眾。年少出頭，從不知失敗與挫折的龐培，即使在這樣的場合，都能如此泰然冷酷。

西元前六十六年，盧加拉斯回到了睽別七年的羅馬，舉行了一場盛大的凱旋式。凱旋式當天的馬爾斯廣場上，展示著與潘特斯王、亞美尼亞王作戰所掠得的東西和華麗的武器，光是如此，就是一大炫耀了。

凱旋式的開頭以載著大鎌的十輛雙輪戰車為先鋒，這當然也是從東方君主處奪取來的。在那之後，是六十個被俘虜的波斯和亞美尼亞高級官員。接著，展現了許許多多捕獲的軍艦，以牛車承載著。隨後是一個高近二公尺，與真人同樣大的潘特斯王米斯里達茲的銅像，這是沒有捉到他的替代品。其後還有為數眾多的戰利品，包括國王的所有物，如鑲有寶石的盾牌、銀製的壺、二十座可置放三十三個金杯的擔架等，接著是由八頭驢所拉的黃金轎子上，放著五十六個銀塊和二百七十萬金幣，這些使得觀看凱旋式的市民瞠目結舌。

在戰利品之後，士兵們舉著標語牌，上面寫著盧加拉斯指揮權轉交給龐培時所剩的軍費；另外的標語牌則寫著盧加拉斯遠征歸來納入羅馬國庫的戰利金金額；還有的標題上面寫著盧加拉斯所屬的士兵，每個給付九十五狄納利斯金幣。最後，盧加拉斯駕著由四匹白馬所拉的戰車，作為凱旋式的落幕。當晚，他自費張羅了一個盛大的宴會，招待所有的市民。

被龐培下放的元老院，非常高興地歡迎盧加拉斯回國。他們期待身為蘇拉第一門徒的盧加拉斯會為「元老院體制」的維持盡一份心力。事實上，他們開始擔憂逐漸往龐培身上集中的權力，互相結成了也稱作「元老院派」的黨派。當年四十歲的西塞羅和二十九歲的加圖，是這個黨派中積極的成員。加圖這號人物，是大西比奧的政敵馬庫斯．赫爾奇．加圖家族的一員，歷史上為了區分兩人，就將西元前二世紀的加圖稱為大加圖，前一世紀的加圖稱為小加圖；大、小加圖同為狂熱的共和政體主義者。

五十歲的盧加拉斯在初期也打算在「元老院派」中積極展開活動，只是他具有認清現狀的能力；他明白西塞羅和小加圖雖然有思想和言論，但是並非絕對有實行的力量。於是，他逐漸遠離了政界。他和長久以來因為是朋友的姊姊（小加圖的姊姊）而勉強相處的妻子離了婚；從此以後，即使他在元老院仍有一席之位，也幾乎不接觸政治活動了。

對國政的關心和享受私生活，已經成為反比的關係。他為了陳列從中東帶回來的希臘美術工藝品，在各處建立了壯麗的宅邸；有的在羅馬市內，有的在拿坡里近郊海邊，甚至還建在義大利內陸蒼翠的山野中。

與其後的帝政時代相較下，共和時代羅馬人的住宅樸素多了。帝政時代的人塞內加造訪大西比奧的別墅，他驚異的讚嘆：「即使是貴族、富豪還是大英雄，也難以豪華到這樣的程度吧？」這件事十分有名，但據說可以與那棟帝政時代的豪邸匹敵的，也只有盧加拉斯的華宅了；由此看來，盧加拉斯的奢豪情景可見一斑了。在海濱的別墅，他將海水引入，作成了養魚的池子。

離開政界的盧加拉斯再沒有必要延續政治婚姻。隨著季節的轉移，遷移到合宜的住家。身為優雅的獨身貴族，他在浸淫收藏藝術品和圖書的同時，也對他人開放觀賞。盧加拉斯宅內的圖書館，成為對此有興趣的羅馬人和住在羅馬的希臘人聚集的沙龍。

可是，盧加拉斯的名字成為後世所使用的代名詞，則是根源於他所實踐的美食。即使在現代的西歐，也以「盧加拉斯式」來稱呼豪華的美食。

嚴謹的普魯塔克以「暴發戶之流」等種種惡評來譏諷他，但其實並沒有必要這樣認為。盧加拉斯的實踐美食，即使古今的美食家都望塵莫及，達不到像他這樣徹底的程度。

只有這樣一位率領過軍隊的盧加拉斯，才會想到將美食所需的費用予以個別分類；他是以用餐的屋子名稱來區別。為了確保材料的新鮮優良，他飼養魚和鳥，連蔬菜、水果和乳酪，也都由自營的農園所生產。而且，用餐這件事對他來說，不僅僅是單純進食的意義而已；舉凡用餐屋子的裝潢、用餐時演奏的音樂、朗誦的詩文、餐桌上交談的話語，加上選定合宜的賓客，這一切種種的調和，才是盧加拉斯所謂的「美食」。

有一次，他獨自用餐，僕人以為只有一個人，就是要簡單進餐的意思；沒想到，對此不滿的盧加拉斯把僕人喚來訓斥：「連這樣的事都搞不懂，真是糟糕啊！今天晚上我要在雷庫瑞斯的家裡用餐。」

還有一次，西塞羅和龐培認出了行經羅馬廣場的盧加拉斯。共和政治時代的羅馬人有項優點，無論在元老院有多麼激烈的辯論，或是政治理念如何的壁壘分明，一旦到了私底下的場合，便又互相推心置腹了。無論如何，西塞羅和龐培都不會對盧加拉斯視而不見。

他們倆互相耳語，一致認為在盧加拉斯家所招待的那種豪華美食，是為了宴客用而特別準備的，他平日的飲食準是簡樸無疑。兩人走向盧加拉斯，寒暄過後便說道：「今晚到你家去好嗎？」接著西塞羅又說：「你可不要為了我們而特別準備什麼，只要照你原先自個兒要用的晚餐奉陪也就足夠了。」

盧加拉斯起初要他們另擇他日前來，但是他們執意不從，不得已只好接受了這次突如其來的造訪。只是他希望可以告知隨行的奴僕，要在哪個屋子用膳；兩人對這點要求馬上答應了。盧加拉斯只告訴奴僕：「今晚在阿波羅屋吃晚餐。」西塞羅和龐培都不知道，以阿波羅神為名的屋子中的膳食，是區分階級別的美食之中最高級的。據說在「阿波羅屋」中的膳食，每一次就需花費五萬狄納利斯，而當時平民的年收入，不過是五千狄納利斯左右。

當晚，不難想像龐培和西塞羅兩人是如何的瞠目結舌了。盧加拉斯這樣的揮霍，彷彿是回應了對他們此番意圖的不以為意。再次引用普魯塔克的話：「那樣地揮霍無度，不就像是在戰爭中所擄獲的野蠻人嗎？」

儘管始終有激烈的政治紛爭，共和時代的羅馬人仍有輕蔑豪奢的私生活、讚譽質樸剛健的強烈傾向。盧加拉斯的奢華，雖令眾人驚訝，但卻得不到尊敬。

然而，對不留戀政界的盧加拉斯而言，他毫不在乎這點。他對私生活的享樂貫徹到底。這樣過了十年後，盧加拉斯去世。此刻的羅馬，已是龐培和凱撒的時代。

盧加拉斯的葬禮，自始至終都沒掀起市民們特殊的情感；也許盧加拉斯唯一一個真摯的願望——希望葬在長眠於馬爾斯廣場的蘇拉附近，也遙遙無期了；因為沒有一個人積極去行動，所以最終無法實現。擔任副將期間，表現最優秀的人也去世了。

從盧加拉斯手中接過東方戰線指揮權的龐培，當時有十個軍團六萬餘的陸上戰力，二百七十艘軍艦組成的海軍，此為盧加拉斯所支配戰力的二倍；然而，這二倍的意義相當大。

盧加拉斯在對付擁有十倍戰力的潘特斯王米斯里達茲和亞美尼亞王迪古拉內斯時，其精采程度連亞歷山大大帝都相形見絀，壓倒了東方君主。以三萬六千兵力決定東征的亞歷山大大帝和以二萬六千兵力闖入義大利的漢尼拔，也使用同樣的戰略。想要以少數戰力擊敗具有實力召集大軍的敵人，第一步就是要在戰場上取得壓倒性勝利，留予人深刻的印象，藉此削弱敵人號召大軍的能力。

只是，無論再高明的戰略天才，戰力小的軍隊也有缺點。太過注重戰鬥的優先，而忽略了外交層面，會得不償失。總之，沒有餘力達到不戰而勝的境界。再怎麼說，這股無形的壓力，還是來自於「量」的問題。

如果這回龐培能和上回在驅逐海盜時一樣，握有二十個軍團及財政上比擬專制君主的權力，這對充其量只能召集十萬大軍的東方君主而言，絕對可以形成一股無形的壓力。只是，這回他所分配到的只有十個軍團，不過仍是比盧加拉斯當時多了一倍，可以行使的戰略幅度也比較大。而龐培也的確將他的才能發揮在靈活運用這個算不上壓倒性優勢，但也不算貧弱的「幅度」上。

擁有優秀能力的人，往往能守住上一階段的功績，而著手解決迫在眉睫的事情。

龐培在為期不到三個月的海盜驅逐戰役中，捕獲了海盜將近二萬人，他的寬恕之心可由以下的事實看出：一般人會將他們賣給奴隸市場，但是龐培深知這些海盜中的大多數人，是由於在東方的紛爭中失去了家園和一切，不得已才投身於海盜業的。

龐培讓這些人獲得自由；不僅如此，還賜與他們土地。當時的小亞細亞並不像西班牙和法國般有許多未開發之地，而是已經有許多城市和村落；只是由於諸王的抗爭而遭摧殘、燒毀，沒落為無人城鎮。龐培將原先的海盜移往這些村鎮居住，他唯一顧慮的是盡量選擇遠離海岸的內陸地區；因為海岸區的都市住著希臘血統的居民，如果太靠近的話，只會引來原住民的反彈。因為原先的海盜遷入而再興的城鎮中，有一個改名為「龐貝奧波里」（龐培之城）。

給與海盜們維生之計以後不久，西元前六十六年的夏天，將滿四十歲的龐培正式揭開了東方戰役的序幕，歷史上稱為「第三次米斯里達茲戰役」。

首先，龐培為了攻打又東山再起的米斯里達茲，北上小亞細亞，朝向黑海沿岸的潘特斯王國。沒料想到龐培會如此快速展開攻勢的米斯里達茲，匆促編成三萬三千名潘特斯軍，但輕易地被擊潰了。老奸巨猾的米斯里達茲想用對付盧加拉斯的成功戰略，來對付龐培；他向東方逃逸，一味地行經險峻的山岳地帶，以期羅馬士兵疲憊，使士兵促成司令官折返西方。但是龐培並沒上當。追討之行不繼續深入，反而在另一方面展開了外交戰略。

潘特斯王米斯里達茲被羅馬軍一敗再敗而又能東山再起，固然是由於米斯里達茲本身的才能優異，但還是因為確立了與亞美尼亞王的共戰體制。

盧加拉斯也感覺有必要切除潘特斯與亞美尼亞的同盟關係，而要實現此事，除非亞美尼亞王國內起了紛爭、或者與亞美尼亞交界的東方帕提亞王國有所動亂，陷入紛爭，但他也知道沒有這些機會進行破壞。

實際上，盧加拉斯在進攻至卡斯比海時，對帕提亞王提出了結盟的要求。即使擁有多次精湛的勝利，盧加拉斯手上三萬員左右的戰力，仍動搖不了帕提亞王。如果在現代的話，像這種敵我陣亡比例為十萬比五的前所未見戰果，大概很快就會成為衛星新聞傳達到帕提亞王的王宮內；但在古代，非親眼所見的事，所造成的衝擊不得不大打折扣。因此，龐培率領超出盧加拉斯兩倍的戰力前來交涉，原因是在同一時期，米斯里達茲也對帕提亞提出結盟的要求。

龐培對帕提亞王提案的結盟內容與從前盧加拉斯所提的相同，以下是確立的部份。

一、羅馬公民和元老院承認帕提亞王在美索不達米亞一帶領土的正統性。

二、帕提亞和羅馬兩國霸權的國境以幼發拉底河為界。

東方的大國帕提亞王國，也稱作佩魯西亞，一向對潘特斯王欲向西方擴張勢力，執意挑戰羅馬的行為不甚關心。只是，自從潘特斯和帕提亞的西鄰國亞美尼亞成為共戰體制後，帕提亞漸漸地再也不能不關心了。帕提亞對米斯里達茲的動靜開始投以懷疑的眼神。無論如何，現在的米斯里達茲想要將帕提亞納入反羅馬的共戰體制內。

如果帕提亞、亞美尼亞和潘特斯王所謂的三強團結一致，對羅馬而言，大概就不能再喊出地中海是「我們的海」的話了；只是中東地區結盟一事，即使到現代都還沒發生過。西歐地區的同盟是結合弱國對抗強國，而東方則是結合強國來打倒弱國。

帕提亞王已經捨棄了無法徹底防衛的米斯里達茲，選擇與攻勢確立的羅馬結為同盟。然而，對於以幼發拉底河為兩國霸權交界一事，往後卻招來禍端，這是當初誰也始料未及的。

帕提亞倒向羅馬後，鄰國的亞美尼亞不得不被動搖。深懷危機感的一個王子，背叛了父王迪古拉內斯；王子不僅背叛，還得到龐培的許可遣送使節，背棄與潘特斯王的同盟，要求與羅馬結盟。

亞美尼亞王迪古拉內斯陷入絕地。他明白潘特斯王對羅馬執拗的反抗，與其說是出於對抗霸權以確保國家的自由與獨立，不如說是為了擴張自己的勢力。潘特斯與亞美尼亞當初結盟時，言明潘特斯向西，亞美尼亞向南方敘利亞擴張勢力。只是，亞美尼亞王並無意也無義氣在本國國內發生騷動時，仍然遵守同盟的約定。

亞美尼亞王迪古拉內斯為了得到龐培的許可，達成談和與締結同盟，他親自宣告要訪問羅馬的將軍。同時，不待龐培方面回信的到達，便在國中發出布告，只要誰能逮捕或殺死米斯里達茲，就給予高額的獎金。

與龐培二度交戰皆落敗的米斯里達茲，本想依賴亞美尼亞王逃至他的領土內，現在也行不通了。從前亡命的時候，盧加拉斯請求引渡米斯里達茲，亞美尼亞王會毫不遲疑地回絕。但這次不同了，無法逃至亞美尼亞和帕提亞的米斯里達茲，拖著六十六歲的身子，僅剩忠貞的臣子守護，逃至寇卡薩斯山脈的山裡面。他不能再出現於黑海沿岸，因為龐培的羅馬艦隊，對黑海全域進行監視。

龐培獲得軍事和外交雙邊作戰的全勝，帕提亞王不過是遊戲時手中的一張使喚牌，而亞美尼亞王的訪問之行則是這場勝利的一個形式。

到了這時，龐培也開始冠上蘇拉當年贈予，但在蘇拉生前因為顧忌而一直不敢使用的「大帝」的尊稱。而除了不再需要顧忌任何人，龐培的言行甚至開始模仿起唯一配得上這個尊號的亞歷山大大帝。他接見亞美尼亞王的情景，簡直就像是亞歷山大大帝當年接見戰敗國國王一樣。

戴著東方君主特有的一丈高帽子，上面還戴著王冠的亞美尼亞王，出現在羅馬軍的陣營時，在入口處被警衛要求下馬，交出所攜帶的黃金鑄劍。然後，站在陣營正中央等候，再走向身著紅斗篷軍裝的龐培。亞美尼亞王來到龐培面前，依照東方戰敗者的習俗，在羅馬將軍面前跪下；接著，為了證明完全服從，取下頭戴的王冠，將它獻給龐培。

四十歲的戰將，握著下跪國王的手，俯身微笑扶他站立，然後一面將王冠還給他，一面說道：「我接受你的求和。」

亞美尼亞王理所當然得全盤接受談和的條件。

一、以賠償金為名支付六千泰連給羅馬國庫。

二、付給龐培旗下的士兵每人五十狄納利斯。

三、目前為止亞美尼亞軍所征服的地方，包括希臘、卡帕杜西亞、腓尼基、敘利亞的一部份和幼發拉底河東岸的蘇非內地區歸還原主，正式放棄其領土權。

四、往後亞美尼亞王國恢復與羅馬友好同盟國的關係。背叛父親的亞美尼亞王子，經由龐培贈與了從父親手中得到的戰利品。

龐培恢復了被米斯里達茲和迪古拉內斯聯軍所逐出的卡帕杜西亞王的王位，也並未再追逐往北方逃逸的米斯里達茲。他認為米斯里達茲已不成氣候，於是取而代之，將自己軍隊的前進路線朝向東方和南方。

他自己率領三分之二的軍隊，首先前進至幼發拉底河的西岸，宣示到此為止是羅馬霸權所及之處，進行示威遊行，但同時也謹守和帕提亞的協定，沒有渡過幼發拉底河。雖然沒有越過河川，但緊靠滔滔的河岸邊築起陣營，在那兒渡過冬季，此時為西元前六十六年至前六十五年。另一方面，龐培分別派往南方的部隊進入了敘利亞，此處曾受亞美尼亞王的侵略而十分混亂。部隊被要求在那裡對帕提亞舉行示威以等待龐培到來。當然，不只是等待而已。敘利亞的塞流卡斯王朝已無實權，徒存其名，成為無政府狀態，所以他們一面等待，一面進行軍事爭霸。

米斯里達茲在蘇拉死後就任意擺布羅馬的將軍，這次卻輪到他被人擺布。六十七歲的東方君主，在四十一歲的龐培所設計的心理作戰中完完全全被掌握著。

龐培雖然不惜拋售各地收藏的一切財寶，甚至動員奴隸重新組成三萬六千名士兵的軍隊，但視線卻連瞧也不瞧向北方。米斯里達茲對這樣的龐培提出了談和的請求，條件是承認羅馬的霸權，甘願居於同盟國的地位，並且支付賠償金。龐培回信答道，要求米斯里達茲本身的服從。這對橫跨半世紀反抗羅馬，自詡為古希臘君主的他，簡直是嚴重傷及他的榮譽。所以他一直未派遣使者回覆龐培。

他再度號召與帕提亞王的共同戰線計畫卻無功而返，絕望的米斯里達茲跑到亡命目的地的寇卡薩斯處，號召黑海沿岸一帶部落的西征。他主張以手上握有的三萬六千名軍隊為主力，率領這個軍隊通過色雷斯、馬其頓、旁諾尼亞前進西方，慫恿住在多瑙河附近的克爾特人，一同穿越阿爾卑斯山反攻義大利。可是，已經沒有人會再相信一個年老孤立男人的幻想了。不但如此，米斯里達茲的一個兒子法爾那西斯，還公開背叛了父親。淪落到這個地步的米斯里達茲，因為懷疑其他四個兒子也想加害自己，所以把他們都殺了。而今在寇卡薩斯山脈無法動彈的他，再也無法殺害黑海沿岸的人；而且，潘特斯王國的高官們，這次更是明明白白的拋棄了他們的國王。王子法爾那西斯派遣使者向龐培，表明潘特斯王國的服從之意，並對羅馬請願，希望他們能夠接受。

看到這些事情的龐培，開始傾全軍前往敘利亞。經由安提阿進入大馬士革城的他，滴血未流便讓徒具虛名的塞流卡斯王朝從歷史上消失；繼承亞歷山大大帝遺產的國家——埃及的托勒密王朝也漸漸不存在了。此後，敘利亞成為羅馬的屬省，羅馬派遣總督駐守於大馬士革。

這就是羅馬支配屬省的方式，雖然強迫國王這類最上位者退位，卻不毀壞支持王者的主要階級。不過，雖不摧毀，但是替換。龐培將這群敘利亞的上流階層的主要成員，全都換成一批年輕的人。這就是能滴血未流，結束一個持續了二百五十年王國的原因。

中東地區全然沒有未開發之地，為都市文明的開化地帶；因此，龐培以都市單位來重建秩序。敘利亞王國的主要都市，由北向南為安提阿、色列維其亞、成為巴布爾語源的比布魯斯、貝魯特和大馬士革五個都市。每個都市擁有一半獨立的內政系統，其上由羅馬派遣的敘利亞總督構成支配體制；境內的紛爭，才是招致外國勢力侵略的最大原因。

龐培又攻擊了住在這些地區和幼發拉底河中間地帶的貝都因族，攻破之後又與他們結為同盟關係。原因是與帕提亞王國之間，有必要設立一個緩衝地帶。

在大馬士革，猶太的有力人士去拜訪以羅馬霸權再造中東、重建秩序的龐培；由於猶太地區長年處於內亂狀態，而依賴羅馬的調停。龐培命令他們重新評估政教合一的統治系統。但是，這遭到忠於猶太教人們的反彈，羅馬軍下一個進攻目標成為耶路撒冷。

耶路撒冷的城市雖然很快就開城投降，但為了制服那些擠滿神殿地區抵抗的人，也必須展開三個月的攻防戰。全部的城池陷落後，龐培一個人走進神殿中。因為希臘、羅馬崇尚多神教，龐培的信仰也是如此，所以他甚至決定不帶武器進入。在希臘、羅馬的神殿裡，參拜人進入神殿內的聖壇向神禱告，請求救贖。因此，當龐培走到神殿內的聖壇時，非常驚訝於為何這裡不像希臘、羅馬的神殿一般，居然沒有神的雕像，甚至什麼都沒有！正因為太驚訝了，以至於他什麼都沒做就出來了。

然而，猶太人神殿內的聖壇，一年僅允許一次，而且是最高祭司長一人入內而已；龐培這種天真的行為，不僅是對神的褻瀆而已，還成為多神教的羅馬人與一神教的猶太人文化摩擦的濫觴。此後的猶太，由敘利亞的總督統治，成為羅馬的半屬省。

最後，龐培又更深入南下，以帕杜拉為中心充分發揮勢力，但沒必要進攻至帕提亞人的領土內；因為帕提亞人與印度的貿易繁盛，所以提出建立友好關係的請求。就這樣，深受地中海洗禮的敘利亞、巴勒斯坦地區，包括西弗洛斯島，獲得羅馬霸權的許可統合為一。

經由龐培的許可，運來因孤立絕望而自盡的米斯里達茲遺體，運送之人為米斯里達茲的兒子法爾那西斯。

龐培和法爾那西斯講和，並將他安置於潘特斯王國以東靠近黑海東岸地區為王，舊潘特斯王國領域則成為羅馬的屬省。至此，半世紀以來由於米斯里達茲而帶給羅馬人困擾的小亞細亞地方，已經完全平定。

龐培下令將法爾那西斯運來的遺體葬於歷代潘特斯王的陵寢，並且切實實行。這個不斷執拗抵抗羅馬的男子，他的一生共活了六十八歲。

萬念俱灰而服毒自盡的潘特斯王據說留有手稿，在其死後約二十年才開始執筆的羅馬歷史學家李維斯，以名人演說及書信為名，將他的手稿收錄在自己的著作《歷史》中。全文雖略嫌冗長，卻可以讓我們了解到羅馬的對手是如何看待羅馬人的帝國主義路線。之後則是一篇羅馬人自己如何看待羅馬帝國主義的書信，除了原告的說詞，我們當然也得聽聽被告的意見。

「米斯里達茲向帕提亞王阿爾薩凱斯捎個問候。所有的為政者為了確保和平，經常必須接受結盟的要求。但這同盟是否公正、確實，將影響到日後是受人稱頌還是落得不名譽的下場。

假如你正享有永久的和平，沒有邪惡的敵人包圍，或是敵人雖然邪惡，但全可以輕易擊退的話，那麼打敗羅馬人對你大概也不算什麼名譽。如果是這樣，我也不會向你提出聯手對付他們的結盟要求，也不致於極力以你的幸運來彌補我的不幸了吧！

然而，現狀並非如此。目前的情形只要見了亞美尼亞王迪古拉內斯的例子就可明白；另外，我的慘狀也是證明，顯示出我們之間的同盟對我們而言，是不可或缺的。

由於你的強盛，無論任何條件迪古拉內斯都會答應結盟的。我的命運雖然奪走我許多的財寶，但卻有與羅馬人交鋒的經驗；因此，我自信能對你提出有益的建言。我已經不再強盛了，但我確信可以給你有益的例證與建言，幫助你決定你的國家前進的方向。

事實上，羅馬人從古時候起，就是以與他國作戰為唯一目的的民族，對財富和領土有著無窮的強烈慾望。他們一開始便以馬其頓王菲力普為目標，儘管雙方曾經共同對付朱古達的威脅而結有同盟關係。然後又在菲力普遭受攻擊時，向有意提供援助的敘利亞王安提歐寇斯承諾，以不侵犯他在小亞細亞的領土為條件，成功離間馬其頓與敘利亞。可是，菲力普才一敗北，這次就換安提歐寇斯被攻擊；他也不幸落敗，被奪取了達維洛斯山脈以北的小亞細亞領土和二萬泰連的錢財。

接著是菲力普之子佩魯修斯。雖然在數次的作戰中馬其頓處於有利的地位，但結果還是敗北，儘管在薩模特拉凱島上談和，但等候佩魯修斯的卻是死亡。羅馬人長久以來的特色就是狡猾和不老實的詐欺。談和的條文中雖然確保佩魯修斯的生命，但是羅馬人卻使這位馬其頓王朝最後的君王因失眠症而死去。

羅馬人在長久的歲月中一直宣稱與婆高蒙王的友好關係。但事實上，他們一開始就將婆高蒙王當成手中的棋子，接著要他當從安提歐寇斯手上掠奪領土的看守人。託他們之福，婆高蒙王的下場變得比奴隸更悲慘。最後他們甚至連捏造遺書這種人神共憤的行為都做得出來，將婆高蒙王國變為屬省。在世的皇子為此主張自己的權利，沒想到就被帶到羅馬去了。羅馬人就這樣將魔掌伸入亞洲地區。

最近也有俾斯尼亞王國的例子。國王尼可梅德斯死後，也有這樣的遺言主張領土讓渡給羅馬，成為屬省；儘管他已有個庶出的王子健在。現在，話說回我自己身上。我的王國並沒有直接與他們霸權所及的領域接壤。儘管如此，他們知道我擁有許多的財富，也不對任何人服從，所以就利用尼可梅德斯對我挑起戰端。

我明白他們的狡猾，所以就打擊他們的前鋒，流放尼可梅德斯、解放小亞細亞，接著包括希臘，徹底解除對羅馬人的服從。但是我的臣子阿爾凱奧拉斯和軍隊的背叛，阻止了我理想的實現。

羅馬人因為內戰而找我談和，而我知道羅馬並不是真心希望能建立友好關係，所以我準備妥當，對他們宣戰。陸地上擊敗總督奧雷留斯・寇達，海上則成功擊潰羅馬海軍。然而我軍得不到鄰近諸國的糧食支援，也因為惡劣的天氣無法自黑海運送。不得已而後退的軍隊，卻又遭逢大霧而沉船，損失了許多優秀的士兵。

之後我不死心，重新編組軍隊，我和盧加拉斯之間展開了數回合的戰鬥。他得到卡帕杜西亞王的軍糧補給，我這方面則領土荒蕪，沒有軍糧補給的管道。不得已，我只能逃向亞美尼亞。羅馬人並沒有繼續追趕我，而以他們慣有的方式攻擊。也就是將周遭一帶搗毀，迫使我無法召募兵力。如今，更以亞美尼亞王輕率的行動（與龐培締結和約）當作自己的勝利驕傲不已。

我強烈地希望你能站在我們敗者的立場，充分地考量。為什麼呢？如今有哪一個君王能比你更有力量去結束對羅馬的戰爭呢？

我知道你擁有許多的軍隊、武器和資金。我是為此和你締結同盟，但他們接近你，純粹是要掠奪你的一切。

你知道嗎？羅馬人將目光朝向我們東方，那是因為西方有大海阻擾他們進攻的緣故。而房子、妻子和耕地，羅馬人擁有的一切，都是自周邊的居民強奪而來的。他們從前也是難民，沒有國家也沒有家人，不過是流離失所者的集團而已。他們的國家建立於周遭人民的犧牲之上；自朋友和同盟者身上強取豪奪，並使他們毀滅，不管是任何的法律、任何人類的倫理、任何的神明都不能饒恕這樣的行為。他們那充滿邪惡的眼睛，只要見到其他的民族，就一律將他們變為奴隸，這是不容許饒恕的。

但是人類之中，盼望自由的人少，盼望有公正主人的人多，我們東方的君主，關於這點常被臣子投以懷疑的眼光，不是被質疑違反國民的利益，就是被認為是為了復仇。你擁有亞洲最大的都市貝魯特，它無限的富裕豐饒鼎鼎有名，而這所有財富的所有者便是你。羅馬人這回是欺侮，下一次便是於戰爭之外覬覦什麼吧！

羅馬人的劍指向所有的人民，他們對於掠奪品最多的民族，也就最勇敢作戰。反覆地作戰和欺詐之間，他們建立了帝國。他們的這種精神，是要將其他民族全部摧毀，或者也摧毀自己……。

話說回來，並不是沒有希望去阻止他們的腳步。如果你能從美索不達米亞，而我從亞美尼亞將羅馬軍包圍的話就行了，這樣可以使他們無法獲得兵糧的支援。目前為止還無法實現這點，是因為他們運輸順利，而我們卻持續犯錯的緣故。

如果你接受我的請求，拿出行動幫助我們東方的君主，身為一個剷除全人類的盜賊的英雄，一定能名垂青史吧！

我深切期盼你能幫忙，並由衷地奉勸你，希望我和其他君主的毀滅不要成為你往後的翻版。我們寧可全員攜手合作對抗他們，來成為勝利者吧！」

如前所述，米斯里達茲的願望並沒有實現。接下來，我介紹羅馬方面的見證，而這不是針對米斯里達茲的反論，這是哲學家兼律師兼政治家的西塞羅，在前往希臘赴任屬省總督時，寫給他弟弟信中的一部份。這並不能說是單純的個人見解，以當時西塞羅所擁有的地位和影響力，可認為是羅馬這方十分卓越的意見。

西塞羅於西元前六十二年前往希臘上任。龐培平定整個東方，也僅是西元前六十三年（一年前）的事；換句話說，西塞羅是前往平定不久的東方赴任。

「亞洲（對羅馬人而言，指小亞細亞和中東一帶）對我們羅馬而言，是將他們從無止境的對外戰爭和國內的紛亂狀態解救出來的事實，我們一定得正視它。所以，亞洲人所擁有的一部份財富，奉獻作為維持羅馬霸權體制所需的費用也不須叫苦連天。為什麼呢？這種奉獻，是為了維持這地方永久和平所必要的經費。」

根據龐培於西元前六十一年在羅馬舉行的凱旋式上所揭示的標語牌，他在西元前六十六年到前六十三年的三年間完成下列這些事。

一、羅馬的霸權建立於黑海到卡斯比海，以至紅海的所有範圍。
二、有一千二百萬人口在羅馬霸權的統治之下。
三、羅馬的霸權建立了一千五百三十八個城市。
四、羅馬的國庫收入比從前倍增，龐培自身也將戰利金二億塞斯泰契斯納入國庫。
五、龐培屬下的士兵，全員分配到了共計二千九百萬塞斯泰契斯的報酬金。
六、與埃及、帕提亞及亞美尼亞王國談和，建立了羅馬屬省國境的安全。

這些絕不是勝利者的誇張之詞。四十三歲的龐培冠有「大帝」的尊稱，這回更成就了前所未有的偉業。在西元前六〇年代的當時，全地中海世界最有名的羅馬人，不，也包括其他民族之中最有名的人物，毫無疑問的就是龐培。

龐培自己也愈來愈介意這個稱號。平定東方返回羅馬途中，他前往杜斯島，並專程去探視臥病在床的知名哲學家波西杜尼奧斯，這是在仿效亞歷山大大帝對哲學家迪歐蓋內斯的敬意拜訪。

西元前一世紀所有受地中海洗禮的區域，不是成為羅馬的屬省就是同盟國。這時期裡，實際上地中海已經成為羅馬的「內海」了。

熟知希臘至文藝復興歷史，代表作為《義大利．文藝復興的文化》的雅克布．布爾克哈特，在一本題為《世界史的考察》書中，有以下的一段話。

「歷史有時會突然凝聚在一個人身上，之後世界便傾向以這個人所指示的方向前進。在這類偉大的個人身上，普遍與特殊、停駐與躍動濃縮成一個人格，他們體現了國家、宗教、文化以及社會危機。……遇到危機時，既成的與新的事物交織合而為一，在偉大的個人心中達到極致。這些偉人的存在乃是世界史的一個謎。」

西元前六十三年平定東方的龐培，當時還不到四十三歲。在年齡上，也可能造成往後充分的期待。況且，龐培擁有的不只是壯年的體力，他有許許多多的能力，無論是政治力量、軍事力量還是大眾的支持。布爾克哈特所說的「一個大人物」、「偉大的個人」，在當時的羅馬人之中，除了他之外沒有其他人，或至少就已經浮在檯面上的人選來說，只有他一人。而以當時羅馬的國家體質來說，仍有需要克服漢尼拔所預言的「內疾」，他們仍處在一個混沌期。

因此，「偉大的龐培」並沒有成為布爾克哈特所說的「大人物」。羅馬史上「偉大的個人」不是龐培，而是另有其人。

伊
利
利
亞
色雷斯
黑 海
培拉
塔蘭托
布林迪西
馬其頓
西諾培
俾斯尼亞
潘特斯
小亞
細亞
亞美尼亞
科林斯
希臘
卡帕杜西亞
愛菲索斯
斯巴達
羅德斯
安提阿
克里特
敘利亞
塞浦路斯
大馬士革
耶路撒冷
亞歷山大
曼菲斯
埃及王國

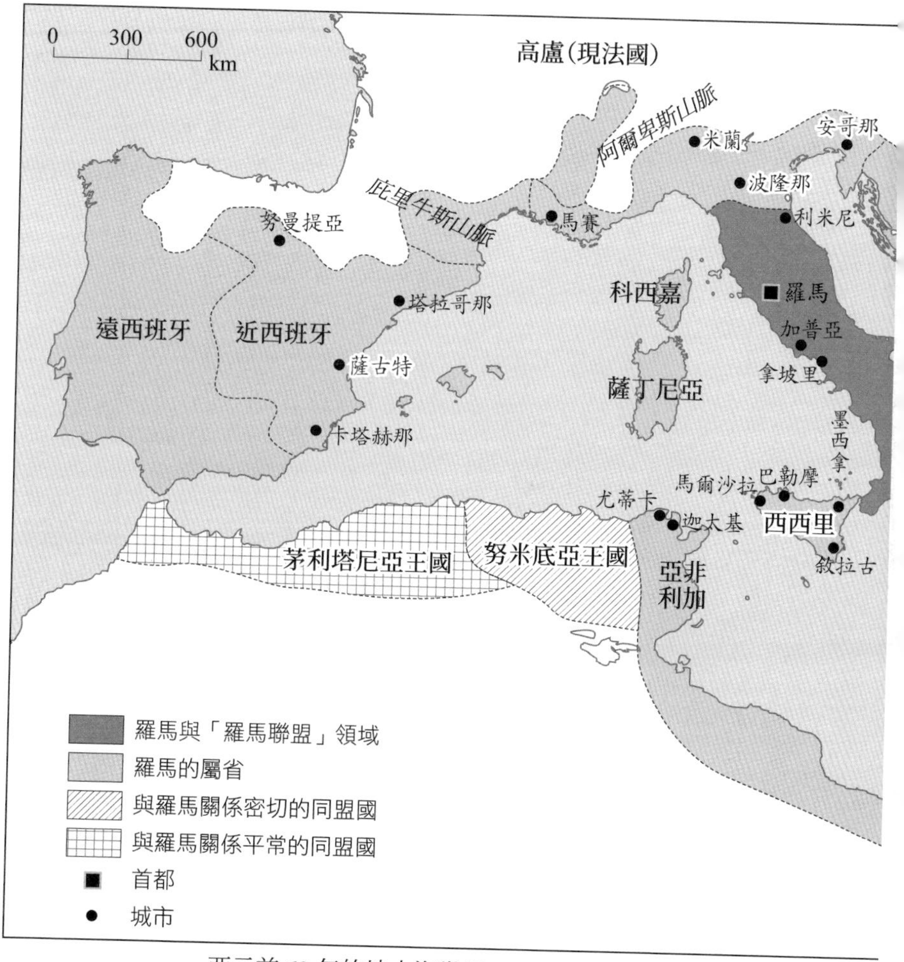
0 300 600
km
高盧(現法國)
阿爾卑斯山脈
米蘭
安哥那
波隆那
利米尼
庇里牛斯山脈
馬賽
努曼提亞
塔拉哥那
科西嘉
羅馬
加普亞
拿坡里
遠西班牙
近西班牙
薩古特
薩丁尼亞
卡塔赫那
墨西拿
馬爾沙拉
巴勒摩
尤蒂卡
迦太基
西西里
敘拉古
茅利塔尼亞王國
努米底亞王國
亞非利加
羅馬與「羅馬聯盟」領域
羅馬的屬省
與羅馬關係密切的同盟國
與羅馬關係平常的同盟國
首都
城市

西元前 63 年的地中海世界

大事年表

年代（西元前）	羅馬世界	遠東	中國	日本
一五〇	第三次布尼克戰役結束，迦太基滅亡（一四六）		漢武帝即位（一四一）	彌生時代
一四〇	西西里島第一次奴隸叛亂（一三五～一三二） 提伯留斯·格拉古就任護民官，進行農地改革遭到反對派人士殺害 小西比奧平定西班牙原住民叛亂（一三三）	敘利亞安地可斯七世即位（約一三八）		
一三〇	蓋烏斯·格拉古擔任護民官，繼承哥哥遺志，進行多項改革。最後遭反對人士追殺而自殺（一二一）	敘利亞安地可斯八世即位（一二五）	漢武帝開始攻擊匈奴（一二七）	

一二〇	馬留斯就任護民官（一一九） 羅馬向朱古達宣戰（一一二）	努米底亞國王逝世，兩位王子與朱古達共同統治國家（一一八） 羅馬將努米底亞分為兩部份，東部歸朱古達，西部歸阿狄魯巴（一一七） 米斯里達茲六世立約任潘特斯王（一一三） 朱古達占領努米底亞西部 朱古達戰役開始（一一二～一〇二）		
一一〇	馬留斯擔任執政官，進行軍制改革（一〇七） 西西里島第二次奴隸叛亂（一〇四～一〇〇）	朱古達被捕，在羅馬處死（一〇四）		
一〇〇	馬留斯遠征南法（一〇三） 在阿魁塞克斯提一戰中擊敗克爾特人（一〇二） 護民官薩圖紐斯修改小麥配給法提出新護民都市法案，被反對人士殺害（一〇〇） 凱撒誕生（一〇〇） 馬留斯赴小亞細亞（九十九） 護民官托魯斯提出新案，賦予全部義大利人羅馬公民權，卻因此被殺（九十一） 同盟者戰爭開始（九十一）	米斯里達茲六世進攻俾斯尼亞、舊婆高蒙（九十一）	司馬遷完成《史記》	

九〇	給予全部義大利人羅馬公民權（八十九） 同盟者戰役結束（八十九） 蘇拉就任執政官（八十八） 蘇拉與馬留斯對立，羅馬陷入混亂 蘇拉遠征希臘，執政官辛拿與馬留斯控制羅馬（八十七） 馬留斯去世，辛拿實行獨裁（八十六） 辛拿遭部下殺害（八十四） 蘇拉軍與羅馬正規軍對陣（八十三～八十二） 蘇拉就任無限期獨裁官，進行國政改革（八十一）	米斯里達茲占領羅馬在小亞細亞西岸的屬地，第一次米斯里達茲戰役（八十八～八十四）	武帝去世（八十七）	彌生時代
八〇	塞多留斯戰役開始（八〇） 蘇拉去世，龐培勢力抬頭（七十八） 龐培參加塞多留斯戰役（七十六） 塞多留斯戰役結束（七十二） 克拉蘇鎮壓斯巴達克斯（七十一）	第二次米斯里達茲戰役（七十四～六十七） 米斯里達茲六世戰敗逃往亞美尼亞（七十一）		
七〇	克拉蘇與龐培就任執政官（七〇） 龐培消滅海盜，開始征討米斯里達茲（六十七） 龐培進攻大馬士革城（六十五） 龐培控制整個中東地區（六十三） 羅馬成為全地中海的霸權	米斯里達茲六世奪回潘特斯（六十八） 第三次米斯里達茲戰役（六十六～六十三） 龐培消滅敘利亞塞流卡斯王朝（六十四） 米斯里達茲自殺，米斯里達茲戰役結束（六十三）		

參考文獻

或許有些人會認為書中的地名、人名、官職名稱及其他的稱呼並不統一，對於這一點我想提出一些辯解。

就我自己而言，我覺得好像陷入無政府主義狀態，即使如此，我還是必須說明不得不如此的來龍去脈。

第一是，古羅馬的地名很多都是以現代不使用的義大利文、法文、西班牙文、德文或是英文記之。

如果某個城市在古羅馬非常有名，但是現在只剩下遺蹟，那麼我就忠實地以古代的稱呼，以拉丁文寫下，這樣的例子並不多。大多數的地方在二千年後的現在依然存在。

假設我在書中還是忠實地以古代的地名稱呼，例如將馬賽稱為馬西利亞、拿坡里稱為拿波利司、布林迪西稱為布魯迪西姆、米蘭稱為梅迪歐拉奴斯、倫敦稱為倫迪尼姆、巴黎稱為路特提亞等等，會有什麼情形發生呢？如果我們到現在的羅馬，以拉丁文告訴計程車司機說：「請到佛諾．羅馬諾（羅馬廣場）」，除非剛好遇到非常有教養的司機會說拉丁文，否則他一定會像是碰到外星人一樣，非常訝異地盯著你看。因此，只有一些現存的都市我才以拉丁文稱之。

相對地，一些人名、官職名我則是以原文希臘文或是拉丁文忠實地記錄之；只是在拉丁文方面還會有發音方面的問題，因為一世紀多以來，日本多以德文式的發音稱呼這些人名、官職名，而我卻以這樣的方式記錄，究竟是否妥當？日本的拉丁文教科書中沒有解釋為什麼以德文式的發音較為恰當，我並不是拉丁文專家，但是據推測可能是日本學者在做羅馬研究時，多是從德文開始；另外也可能是因為古代德國正好是在羅馬帝國的邊境，有些發音可能因此留到現在；再加上盛行研究古代羅馬的正是德國及英國。

但是在古羅馬世界中心——義大利的拉丁文發音並不是德文式發音，理由如下：

由於當時沒有錄音帶，因此古代羅馬人也不清楚自己的語言拉丁文究竟如何發音才正確，義大利的拉丁文學者是根據在一些牆上的塗鴉來推測。

在龐貝城牆上的塗鴉大多是一些教育水準較差的平民所寫，因此他們所寫下的多是口語，而非文章；如果由牆上的塗鴉來推斷發音，我想應該是義大利文式的發音較為妥當，而非德文式發音。

第二個理由是，從古羅馬時代一直延續到今天的組織只有基督教會，而基督教會所使用的拉丁文正是義大利文式的發音，聖歌、布道等等皆如此；凡是使用拉丁文的場合，一律都是以義大利文式發音。

第三個理由在於語言的韻律。

凡是曾經朗讀過古羅馬拉丁文章的人都會同意這個理由吧！

感性動人的加圖抒情詩、維吉爾 (Publius Vergilius Maro) 的敘事詩、普勞塔斯 (Titus Maccius Plautus) 的喜劇、西塞羅的辯論、凱撒的文章等等。

這些文章如果以德文式發音朗讀的話，則完全失去韻律、節奏感，失去了朗讀時的那種快感。

我順便將幾個德文式發音及義大利文式發音列記如下。

維吉爾——維吉爾
西塞羅——西傑羅
凱撒——凱撒魯
馬格納．格雷奇亞——馬列．格雷契亞
普羅文基亞——普羅文奇亞
坎托利亞——虔托利亞
姆尼基畢亞——姆尼奇畢亞
西比奧——司庇歐

如果我們只舉出上列這些單字來看，發音不同並不算是一個大問題。但是文章是一個個單字串連而成，必須留意到文章的節奏，這點就不能忽視了，更何況當時的拉丁文十分普及。即使如此，我也不能否定德文式發音，由於它已經在日本成為固定的說法，因此我只好遵循德文式發音。

我並不是在寫學術論文，同時我希望大多數讀者可以輕易地閱讀這本書，因此我才以當時尚未出現的義大利文、法文或西班牙文記錄書中的地名；同樣的，在發音方面，我也希望以讀者容易理解的德文式發音記錄，如果是有些讀者很少聽到的名詞，我則以義大利文式發音或是天主教會式發音寫下，往後的幾本書我也會比照這個方式。

或許會顯得雜亂無章吧！但是如果考慮到文章的韻律、流暢以及拉丁文是西歐語系的發源這兩點的話，我則認為應該傳達正確的發音才是。

再者，對於非學者的我而言，最重要的課題是如何讓不同文化領域的人了解西歐文明的一大重點──羅馬文化。

至於參考文獻方面，第I、II冊中已列出的書目我則不再列於第III冊中。

後世的歷史書、研究書

ADCOCK F. A., *The Roman Art of War under the Republic*, Cambridge, 1940.
ASTIN A. E., *Scipio Aemilianus*, Oxford, Clarendon Press, 1967.
AYMARD A. e AUBOYER J., *Roma e il suo impero*, Firenze, 1958.
BADIAN E., *Foreign clientelae 264–70 B.C.*, Oxford, 1958.
BADIAN E., "From the Gracchi Sulla," in: *Historia, XI*, 1962.
BADIAN E., *Roman Imperialism in the Late Republic*, Pretoria, 1967.
BADIAN E., *Lucius Sulla–The Deadly Reformer*, Sidney, 1970.
BADIAN E., "Roman Politics and the Italians (133–91 B.C.)," *Dial. di Arch., IV-V 1970–71*, Roma, 1972.

BADIAN E., *Publicans and Sinners. Private Enterprise in the Service of Roman Republic*, Dunedin, 1972.

BADIAN E., *Tiberius Gracchus and the Beginning of Roman Revolution*, Berlin, 1972.

BADIAN E., *Publicans and Sinners*, Oxford, Blackwell, 1972.

BADIAN E., "Tiberius Gracchus and the Beginning of the Roman Revolution," in: *Aufstieg und Niedergang der römischen Welt*, Berlin-New York, De Gruyter, 1972, 1/1, pp. 668–731.

BARBAGALLO C., *Classi, partiti e legge nella repubblica romana*, Pisa, pp. 383–92.

BARBIERI G. e TIBILETTI G., *Dizionario epigrafico di Antichità Romane.* (cit.)

BARNARD S., "Cornelia and the Woman of Her Family," in: *Latomus*, 1990, pp. 383–92.

BELL M. J. V., "Tactical Reform in the Roman Republican Army," in: *Historia, XIV*, 1965.

BENNET H., *Cinna and His Times*, Diss. Menasha, 1923.

BERNSTEIN A. H., *The Rural Crisis in Italy and the Lex Agrariae of 133 d.C.*, Cornell Univ., 1970.

BERNSTEIN A. H., *Tiberius Sempronius Gracchus*, Ithaca, Cornell Univ. Press, 1978.

BERVE H., "Sertorius," in: *Hermes, LXIV*, 1929, p. 199.

BLAZQUEZ J. M., *Historia social y economica de la Espana Romana*, Madrid, 1975.

BLOCH G. e CARCOPINO J., *Histoire romaine*, Paris, 1935.

BOREN H. C., "Livius Drusus t. p. 122 and his Anti-Gracchan Program," in: *Classical Journal*, 1956, pp. 27 sgg.

BOREN H. C., "The Urban Side of the Gracchan Economic Crisis," in: *American Historical Review*, 1958, pp. 890–902.

BOREN H. C., *The Gracchi*, New York, Tuavne, 1968.

BRISCOE J., "Supporters and Opponents of Tiberius Gracchus," in: *Journal of Roman Studies*, 1974, pp. 125–35.

BRISSON J. P., *Problé mes de la guerre à Rome*, Paris, 1969.

BROUGHTON T. R. S., *The Magistrates of the Roman Republic*, New York, 1951.

BRUNT P. A., "The Army and the Land in the Roman Revolution," in: *Journal of Roman Studies*, 1962, pp. 69–86.

BRUNT P. A., "Amicitia in the Late Roman Republic," *Proc. of the Cambr. Phil. Soc*, *XI*, 1965.

BRUNT P. A., "The Equites in the Late Republic, ora," in: R. SEAGER, *The Crisis of the Roman Republic*, Cambridge, Heffer, 1969, pp. 83–118.

BRUNT P. A., *Italian Manpower 225 B.C.-A.D. 14*, Oxford, 1971.

BRUNT P. A., *Classi e conflitti sociali nella Roma repubblicana*, Bari, 1972.

BRUNT P. A., "Free Labour and Public Works at Rome," in: *Journal of Roman Studies*, 1980, pp. 81-100.

BRUWAENE M. VAN DEN, "L'opposition à Scipion Emilien après la mort de Tiberius Gracchus," in: *Phoibos*, *V*, 1951.

BURDESE A., *Studi sull'ager publicus*, Torino, 1952.

CALABI I., "I commentari di Silla come fonte storica," in: *Att. Acc. Linc.*, 1950.

CANTALUPI P., *La guerra civile Sillana in Italia*, Roma, 1892.

CAPOZZA M., "Le rivolte servili di Sicilia nel quadro della politica agraria romana", in: *Atti Ist. Ven. CXV*, Venezia, 1956–57.

CARANDINI A., *Schiavi in Italia, Roma*, La Nuova Italia Scientifica, 1988.

CARCOPINO J., *Autour des Gracques*, Paris, Les Belles Lettres, 1928.

CARCOPINO J., "L'Afrique au dernier siécle de la République romaine," in: *Rev. H.*, 162 (1929), p. 88.

CARCOPINO J., *Des Gracques à Sulla*, Paris, 1929/1935.

CARCOPINO J., *Sylla ou la monarchie manquée*, Paris, 1931.

CARCOPINO J., *Points de vue sur l'impé rialisme romaine*, Paris, 1934.

CARCOPINO J., *Les secrets de la correspondence de Ciceron*, Paris, 1947.

CARDINALI G., "Il regno di Pergamo," in: *Studi di storia antica, pubblicati da Giulio Beloch*, fasc. v, Roma, 1906.

CARDINALI G., "La morte di Attalo III e la rivolta di Aristonico," in: *Saggi distoria antica e di archelologia*, Roma, 1910, p. 269.

CARNEY T. F., *A Biography of C. Marius*, Chicago, 1970^2.

CASSOLA F., *I gruppi politici romani nel, III sec. a. C.*, Trieste, 1962.

CHAPOT V., *La province romaine proconsulaire d'Asie*, Paris, 1904.

CHAPOT V., *La frontiére de l'Euphrate, de Pompée à la conquete arabe*, Paris, 1907.

CIACERI E., "Roma e le guerre servili in Sicilia," in: *Processi politici erelazioni internazionali*, Roma, 1918, p. 55 sgg.

CICCOTTI E., *La guerra e la pace nel mondo antico*, Torino, 1901.

CLEMENTE G., *I Romani nella Gallia meridionale* (*II–I sec. a. C.*), Bologna, 1974.

CLERC M., *La bataille d'Aix: études critiques sur la campagne de Marius en Provence*, Paris, 1906.

CLERC M., *Aquae Sextiae. Histoire d'Aix-en-Provence dans l'antiquité*, Aix-en-Provence, 1916.

CLERC M., *Massalia: histoire de Marseille dans l'antiquité*, vol. II, Marseille, 1929.

COARELLI F., "I figli dell'Africano," *Index*, *VI*, Trieste, 1975.

COARELLI F., "Public Building in Rome between the Second Punic War and Sulla," in: *Papers of the British School at Rome*, 1977, pp. 1–23.

CORRADI G., "Caio Gracco e le sue leggi," in: *Studi italiani di filologia classica*, 1927, pp. 235–97; ibid., 1928, p. 55 sgg. e 139 sgg.

CORSETTI R., "Sul prezzo dei grani nell'antichità clssica," in: *Studi di storia antica*, *II*, 1893, p. 63.

DE FRANCISCI P., *Storia del diritto romano*, Roma, vol. I, 1926; vol. II, parte I, 1929.

DE MARTINO F., *Storia della costituzione romana*, Napoli, 1972–75.

DE MARTINO F., *Storia della costituzione romana, II*, Napoli, Jovene, 1973^2.

DE MARTINO F., *Storia economica di Roma antica, I*, Firenze, La Nuova Italia, 1979.

DE MARTINO F., "Gromatici e questioni graccane," in: *Nuovi studi di economia e diritto romano*, Roma, Editori Riuniti, 1988, pp. 163–87.

DE SANCTIS G., "Dopoguerra antico," *Atene e Roma*, n.s. I, 1920, pp. 3–73.

DE SANCTIS G., "Rivoluzione e reazione nell'età dei Gracchi," *Atene e Roma*, n.s. II, 1921, p. 209.

DE SANCTIS G., "Quinto Cecilio Metello Numidico," *Atti del 2° Congresso Nazionale di Studi Romani*, vol. I, Roma, 1931, p. 343. Ristampato in parte in: *Problemi distoria antica*, pp. 215 sgg.

DE SANCTIS G., *La guerra sociale*, Firenze, 1976.

EARL D. C., "Tiberius Gracchus' Last Assembly," in: *Athenaeum*, 1965, pp. 95-105.

ENSSLIN W., *Appian und die Liviustradition zum ersten Bürgerkrieg*, Klio, XX, 1926, p. 446.

FERRERO G., *Grandezza e decadenza di Roma*, Milano, 1902.

FRACCARO P., *Studi sull'età dei Gracchi*, rist, anast. Roma, L'Erma di Bretschnei der, 1967.

FRANK T., *Storia economica di Roma*, Firenze, 1924.

FRANK T., *An Economic Survey of Ancient Rome*, Baltimora, 1933.

FRANK T., *Storia di Roma*, Firenze, 1974.

FREDERIKSEN M. W., "The Contribution of Archaeology to the Agrarian Problem in the Gracchan Period," in: *Dialoghi di Archeologia*, 1970–1971, pp. 330–67.

FREDERIKSEN M. W., "I cambiamenti delle strutture agrarie nella tarda repubblica: la Campania," in: *Società romana e produzione schiavistica*, Roma-Bari, Laterza, 1981, I, pp. 265–87.

FRIEDLAENDER L., *Studi intorno agli usi e costumi dei Romani*, Milano, 1921.

GABBA E., "Le origini dell'esercito professionale in Roma: i proletari e la riforma di Mario," in: *Ath.*, *XXVII*, 1949.

GABBA E., "Le origini della guerra sociale e la vita politica romana dopo l'89 a. C.," in: *Ath.*, *XXXII*, 1954.

GABBA E., *Appiano e la storia delle guerre civili*, Firenze, La Nuova Italia, 1956.

GABBA E., *Mario e Sila*, Berlin, 1972.

GABBA E., *Esercito e socità nella tarda repubblica romana*, Firenze, 1973.

GABBA E., "Considerazioni sulla decadenza della piccola proprietà contadina nell'Italia centromeridionale del II sec. a. C.," in: *Ktema*, 1977, pp. 269–84.

GABBA E.–PASQUINUCCI M., *Strutture agrarie e allevamento transumante nell'Italia romana* (*iii–i sec. a. C.*), Pisa, Giardini, 1979, pp. 64–73.

GABBA E.–PASQUINUCCI M., *Il tentativo dei Gracchi*, *in Storia di Roma*, Torino, einaudi, 1990, II, pp. 671–89.

GARDNER R., *The Siege of Praeneste*, J. P. XXXV, 1919, p. 1.

GARNSEY P.–RATHBONE D., "The Background to the Grain Law of Gaius Gracchus," in: *Journal of Roman Studies*, 1985, pp. 20–25.

GELZER M., *Die Nobilität der römischen Republik*, Berlin, 1912.

GELZER M., *Pompeius*, München, 1949.

GEYER F., "Mithriddates VI Eupator," in: *Pauly-Wissowa-Real Encyclop*, *XV*, Stoccarda, 1932.

GEYER F., "Tigranes," in: *Pauly-Wissowa-Real Encyclop*, *VI* A, Stoccarda, 1936.

GIANNELLI G., *La repubblica romana*, Bologna, 1937.

GIUFFRE V., *Aspetti costituziorali del potere dei militari nella tarda res publica*, Napoli, 1973.

GREENIDGE A. H. J., *Roman Public Life*, London, 1911.

GRUCBER H. A., *Coins of the Roman Republic in the British Museum*, 3 vol., London, 1910.

GRUEN E. S., *Roman Politics and Criminal Courts 149–78 B.C.*, Cambridge, Mass., 1968.

GRUEN E. S., *The Last Generation of the Roman Republic*, Berkeley-Los Angeles, 1974.

HALL U., "Notes on M. Fulvius Flaccus," in: *Athenaeum*, 1977, pp. 280–86.

HARMAND J., *L'armée et le soldat à Rome*, Paris, 1967.

HARRIS W. V., *Rome in Etruria and Umbria*, Oxford, Clarendon Press, 1971.

HARTMAN L. M. e KROMAYER G., *Storia romana*, Firenze, 1952.

HATZFELD J., *Les trafiquants italiens dans l'Orient Hellénique*, Paris, 1919.

HAWTHORN J. R., "The Senate after Sulla," in: *Gr. a. Rome*, *IX*, 1962.

HEITLAND W. E., *Agricola: A Study of Agriculture and Rustic life in the Greco-Roman World from the Point of View of Labour*, Cambridge, 1921.

HELLEGOUARCH'H J., *Le vocabulaire latin des relations et des partis politiques sous la république*, Paris, 1963.

HERMON E., "L'impériaisme romain à l'epoque des Gracques," in: *Ktema*, 1979, pp. 249–58.

HERMON E., "Le programme agraire de Caius Gracchus," in: *Athenaeum*, 1982, pp. 258-72.

HILL H., *The Roman Middle Class in the Republican Period*, Oxford, 1952.

HOLROYD M., "The Jugrthine War: Was Marius or Metellus the Real Victor?," in: *J. R. S. XVIII*, 1928, p. 1.

JONES A. H. M., *The Cities of the Eastern Roman Provinces*, Oxford, 1937.

LAFFI U., "Sull'organizzazione aministrativa dell'Italia dopo la guerra sociale," in: *Akt*, *VI Int. Kongr. für gr. u. lat. Epigr.*, München, 1973.

LANZANI C., *Le battaglie di Fidentia e di Placentia nella guerra civile Sillana*, Rend. Linc., ser. VI, vol. II, 1926, p. 7.

LEVI M. A., *La costituzione romana dai Gracchi a Giulio Cesare*, Firenze, S.D., 1928.

LEVI M. A., *Società e costume* (*Roma antica*), Torino, 1963.

MAGIE D., *Roman Rule in Asia Minor*, Princeton, 1950.

MARINO R. E., *Aspetti della politica interna di Silla*, Palermo, 1974.

MARROU H. I., *Storia dell'educazione nell'antichità*, Roma, 1950.

MARSH F. B., *A History of the Roman World from 146 to 30 B.C.* (rev. by H. H. Scullard), London, 1953.

MAZZARINO S., *Il pensiero storico classico*, Bari, 1966 segg.

MC CRACKEN G., "The Villa and Tomb of Lucullus at Tusculum," *American Journal of Archeology*, *XLVI*, 1942.

MEYER ED., *Caesars Monarchie und das Principat des Pompejus*, Stuttgart-Berlin, 1919[2].

MILLAR F., "The Political Character of the Classical Roman Republic, 200–151 B.C.," in: *Journal of Roman Studies*, 1984, pp. 1–19.

MILLAR F., "Politics, Persuation and the People before the Social War," in: *Journal of Roman Studies*, 1986, pp. 1–10.

NICOLET C., "L'Inspiration de Tiberius Gracchus," in: *Revue des Etudes Anciennes*, 1965, pp. 142–59.

NICOLET C., *L'ordre équestre à lépoque républicaine*, Paris, De Boccard, 1966.

NICOLET C., *Les Gracques*, Paris, Juliard, 1967.

NICOLET C., *L'ordre équestre*, Paris, I 1966; II 1974.

NICOLET C., *Rome et la conquête du monde méditerranéen, vol, 1, Les structures de l'Italie romaine 264–27 a. C.*, Paris, Puf, 1977.

NICOLET C., *Il mestiere di cittadino nell'antica Roma*, Roma, Editori Riuniti, 1980.

NICOLET C., *Demokratia et aristokratia. A propos de Caius Grachus: mots grecs et réalités romaines*, Paris, Publications de la Sorbonne, 1983.

OLIVER E. H., *Roman Economic Conditions to the Close of the Republic*, Toronto, 1907.

OOTEGHEM J. V., *L. L. Lucullus*, Namur, 1959.

ORMEROD H. A., *Piracy in the Ancient World*, Liverpool, 1924.

PANI M., "Potere di iudicatio e lavori della commissione agraria graccana dal 129 al 121 a. C.," in: *Ann. Fac.* Lett., 19/20 Bari, 1976–77.

PAOLI U. E., *Vita romana*, Firenze, 1951.

PARETI L., "I supposti' sdoppiamenti' delle guerre servili in Sicilia," in: *Riv. Fil.*, *LV*, 1927, p. 44.

PARKER H. M. D., *The Roman Legions*, Oxford, 1928.

PASSERINI A., *Condottieri romani*, Milano, 1928.

PASSERINI A., *Condottieri romani*, Milano, 1935.

PASSERINI A., *Caio Mario*, Milano, 1971.

PEKÁRY TH., *Untersuchungen zu den römischen Reichsstrassen*, Bonn, 1968.

PERELLI L., *Il movimento popolare nell'ultimo secolo della Repubblica*, Torino, Para-via, 1982.

PLATNER S. B., *A Topographical Dictionary of Ancient Rome* (completato e riveduto da T. Ashby), Oxford, 1929.

RATHBONE D. W., "The Development of Agriculture in the Ager Cosanus during the Roman

Republic," in: *Journal of Roman Studies*, 1981, pp. 10–23.
REINACH TH., *Mitridate Eupatore*, Milano, 1960.
RICE HOLMES T., *The Roman Republic and the Founder of the Empire*, 1, Oxford, 1923, pp. 138–53; pp. 369–84.
RICE HOLMES T., *The Roman Republic*, Oxford, 1923.
RICH J. W., "The Supposed Roman Manpower Shortage of the Later Second Century B.C.," in: *Historia*, 1983, pp. 287–331.
RIZZO F. P., "Posidonio nei frammenti diodorei sulla I guerra servile di Sicilia", in: *Studi di storia ant. off. dagli alunni a Eugenio Manni*, Roma, 1976.
ROMANELLI P., *Storia delle province romane dell'Africa*, Roma, 1959.
ROSSI R. F., *Dai Gracchi a Silla*, Bologna, Cappelli, 1980.
ROSS TAYLOR L., *Party Politics in the Age of Caesasr*, Los Angeles, 1949.
ROSTOVZEV M., *Storia economica e sociale dell'impero romano*, Firenze, 1933.
ROTONDI G., *Leges publicae Populi Romani*, Milano, 1912.
SALMON E. T., "The Cause of the Social War," in: *Phoenix*, *XVI*, 1962.
SALMON E. T., *Roman Colonization under the Republic*, London, Thames and Hudson, 1969.
SALVIOLI G., *Il capitalismo antico*, Bari, 1929.
SAUMAGNE CH., "Colonia Iulia Karthago," *Bulletin archéologique du Comité des Travaux*

historiques et scientifiques, 1924. p. 131.

SCULLARD H. H., *Roman Politics 220–150 B.C.*, Oxford, 1951.

SEAGER R., *The Crisis of the Roman Republic*, Cambridge, 1969.

SHERWIN A. N.–WHITE, "The Date of the Lex Repetundarum and its Consequences," in: *Journal of Roman Studies*, 1972, pp. 83–99.

SHERWIN A. N.–WHITE, "The lex repetundarum and the Political Ideas of Gaius Gracchus," in: *Journal of Roman Studies*, 1982, pp. 18–31.

SHOCHAT Y., "The Lex Agraria of 133 B.C. and the Italian Allies," in: *Athenaeum*, 1970, pp. 25–45.

SORDI M., "La tradizione storiogafica su Tiberio Gracco e la propaganda contemporanea," in: *Sesta miscellanea greca e romana*, Roma, Istituto Italiano Storia Antica, 1978, pp. 299–330.

SORDI M., "La sacrosanctitas tribunizia e la sovraninta popolare in un discorso di Tiberio Gracco," in: *Religione e politica nel mondo antico*, Milano, Vita e Pensiero, 1981, pp. 124–30.

STERN C. M., *Lucullus und die mithridatische Offensive in der Propontis*, Lipsia, 1922.

STOCKTON D., *The Gracchi*, Oxford, Clarendon Press, 1979.

SYME R., *La rivoluzione romana*, Torino, 1962.

TAYLOR L. R., *Party Politics in the Age of Caesar*, Berkeley Los Angeles, 1949.

TERRUZZI P., "Studi sulla legislazione agraia di Roma. Enigmi graccani e post-graccni," in: *Archivio giuridico, XC VII* [quarta seric], *XIII*, 1927, p. 3.

TIBILETTI G., "It possesso dell'ager publicus e le norme de modo agrorum sino ai Gracchi," in: *Athenaeum*, 1948, pp. 173–236; ibid., 1949, pp. 3–42.

TIBILETTI G., "Lo sviluppo del latifondo in Italia dall'epoca graccana ai principi dell'Impero," in: *Relaz. x Congr. Intern. Sc. Storiche, II*, 1955, pp. 235–92.

VILLORESI M., *Lucullo*, Firenze, 1939.

VITUCCI G., *Il regno di Bitinia*, Roma, 1953.

VOGT J., *Homo novus: ein Typus der römischen Republik*, Stuttgart, 1926.

VOGT J., *L'uomo e lo schiavo nel mondo antico*, Roma, 1969.

WARDE FOWLER A., *Social Life at Rome in the Age of Cicero*, London, 1908.

WESTERMANN W. L., *The Slaves Systems of Greek and Roman Antiquity*, Philadephia, 1955.

WISEMAN T. P., *New Men in the Roman Senate 139 B.C.–14 A.D.*, Oxford, 1971.

WORTHINGTON I., "The Death of Scipio Aemilianus," in: *Hermes*, 1989, pp. 253–56.

ZANCAN P., *Mitridate Eupator*, Venezia, 1933.

【塩野七生代表作——羅馬人的故事】

從崛起、壯大到轉折、衰敗，看羅馬千年的輝煌與落寞

羅馬人的故事I——羅馬不是一天造成的

羅馬的起源可以追溯到扎馬戰役前五百年，羅馬人歷經整整五百多年漫長的蟄伏歲月，因此才會有句話說：「羅馬不是一天造成的」。這五百年間羅馬遭遇哪些挑戰？羅馬人又是如何逐步累積實力，將國家帶往璀璨光明的未來？

羅馬人的故事II——漢尼拔戰記

西元前二一八年，漢尼拔從西班牙率領群眾翻越阿爾卑斯山，進攻義大利本土，直到羅馬名將西比奧打敗漢尼拔才落幕，這場戰爭歷時十六年之久。為什麼知識優越的希臘人、軍事力量強大的迦太基人最後會敗給羅馬人？什麼才是決定戰爭勝、敗的因素？

國家圖書館出版品預行編目資料

羅馬人的故事III：勝者的迷思／塩野七生著；林雪婷譯.——修訂二版一刷.——臺北市：三民，2022
面；　公分.——(羅馬人的故事系列)
參考書目：面

ISBN 978-957-14-7236-2（平裝）
1. 歷史 2. 羅馬帝國

740.222　　110010812

羅馬人的故事
羅馬人的故事III——勝者的迷思

著作人　塩野七生
譯者　林雪婷

發行人　劉振強
出版者　三民書局股份有限公司
地址　臺北市復興北路 386 號 (復北門市)
　　　臺北市重慶南路一段 61 號 (重南門市)
電話　(02)25006600
網址　三民網路書店 https://www.sanmin.com.tw

出版日期　初版一刷 2003 年 3 月
　　　　　初版五刷 2018 年 4 月
　　　　　修訂二版一刷 2022 年 8 月
書籍編號　S740140
ISBN　978-957-14-7236-2

Rôma-jin no Monogatari 3. Shôsha no Konmei

三民書局